Timo Schuh, Anke Söller

# ABI last minute

## Wirtschaft

Wissen schnell auffrischen für Oberstufe und Abitur

Klett Lerntraining

Timo Schuh ist Gymnasiallehrer für die Fächer Gemeinschaftskunde, Geschichte, Latein und Wirtschaft in Baden-Württemberg. Außerdem ist er als Mittelstufenkoordinator und Beratungslehrer tätig.

Anke Söller unterrichtet die Fächer Englisch, Gemeinschaftskunde, Wirtschaft und Geschichte an einem Gymnasium in Baden-Württemberg. Außerdem leitet sie die Pädagogische Stabsstelle und ist für die Berufs- und Studienorientierung an ihrer Schule zuständig.

Hinweis: Sämtliche Personenbezeichnungen gelten gleichermaßen für alle Geschlechter. Text, Daten und Abbildungen entsprechen dem Stand bei Drucklegung.

Bibliografische Information der Deutschen Nationalbibliothek
Die Deutsche Nationalbibliothek verzeichnet diese Publikation in der Deutschen Nationalbibliografie; detaillierte bibliografische Daten sind im Internet über http://dnb.dnb.de abrufbar.



Dieses Werk folgt der neuesten Rechtschreibung und Zeichensetzung.

2. Auflage 2024


www.klett-lerntraining.de

Umschlagfoto: Shutterstock, New York (Archreactor)
Illustrationen und Grafiken:
S. 54: © Anke Söller, Raabe Verlag Stuttgart; S. 156: F.A.Z.-Grafik/Felix Brocker
Satz: DTP-Studio Andrea Eckhardt, Göppingen; tebitron gmbh, Gerlingen
Druck: Plump Druck & Medien GmbH, Rheinbreitbach
Printed in Germany

ISBN 978-3-12-949748-7

## 8 Globalisierung



## 9 Wirtschaftliches Handeln im Sektor Ausland

## 10 Internationale Wirtschaftsbeziehungen



## 11 Soziale Ungleichheit, sozialer Wandel, soziale Sicherung



## 12 Methoden

Liebe Schülerin, lieber Schüler,

sicherlich kennen Sie diese Situation: Es ist kurz vor der Klausur und die Zeit wird knapp. Sie schreiben sogar mehrere Klausuren innerhalb weniger Tage und können unmöglich Ihre kompletten Mitschriften oder das Schulbuch durcharbeiten. Vielleicht stellen Sie auch fest, dass die Mitschriften Lücken haben – und das ist so ziemlich das Letzte, was Sie *last minute* gebrauchen können!

Keine Sorge, mit *Abi last minute – Wirtschaft* sind Sie auf der sicheren Seite:

- In **150 Begriffen** wiederholen Sie den prüfungsrelevanten Stoff in minimaler Zeit. 150 Lernbegriffe = 150 Wissenspakete für Ihren Weg zum Abitur.

- Die Begriffe sind thematisch zusammengefasst, sodass Sie ganz gezielt das Thema in Angriff nehmen können, das in der Klausur abgefragt wird.

- Vor dem Abitur können Sie natürlich das ganze Buch durcharbeiten und so optimal vorbereitet in die Prüfung gehen.

*Abi last minute* – kurz und knapp für kurz vor knapp!

Eine erfolgreiche Oberstufenzeit
und alles Gute für die Abiturprüfung
wünscht Ihnen

Ihre Redaktion Klett Lerntraining

## Das ökonomische Prinzip

- Der Begriff „Ökonomie" kommt vom griechischen **„oikos"** (Haushalt) und somit von der Institution, die zur Befriedigung der menschlichen Bedürfnisse (wohnen, schlafen …) diente.

- Das Grundproblem der Ökonomie sind **unbegrenzte Bedürfnisse**, aber begrenzt zur Verfügung stehende **Mittel**.

- Werden knappe Mittel möglichst sparsam eingesetzt, um damit die Bedürfnisse bestmöglich zu erfüllen, wird wirtschaftlich und somit nach dem **„ökonomischen Prinzip"** gehandelt.

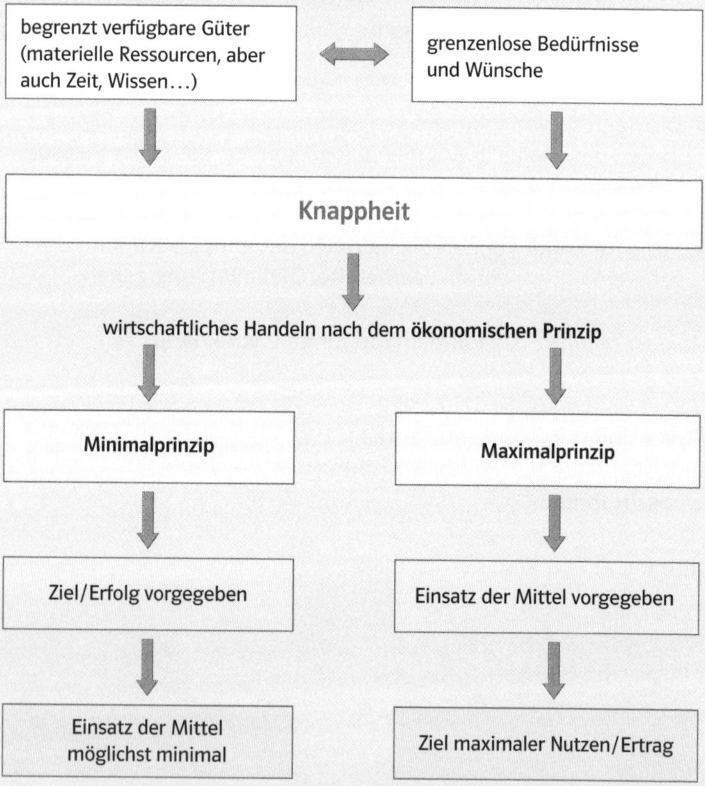

begrenzt verfügbare Güter (materielle Ressourcen, aber auch Zeit, Wissen…) ↔ grenzenlose Bedürfnisse und Wünsche

↓

**Knappheit**

↓

wirtschaftliches Handeln nach dem **ökonomischen Prinzip**

| **Minimalprinzip** | **Maximalprinzip** |
|---|---|
| ↓ | ↓ |
| Ziel/Erfolg vorgegeben | Einsatz der Mittel vorgegeben |
| ↓ | ↓ |
| Einsatz der Mittel möglichst minimal | Ziel maximaler Nutzen/Ertrag |

## Ökonomische Entscheidungen unter Knappheit (ökonomische Verhaltenstheorie)

- **Anreize** bestimmen das menschliche Verhalten. Individuen wägen vor jeder Entscheidung die Kosten und Nutzen ihrer Präferenzen (Ziele, Wünsche und Motive) ab.
- Sie vergleichen den Nutzen (**Grenznutzen**) mit den Kosten (**Grenzkosten**) und wählen dann die Alternative, bei der der Grenznutzen höher ist als die Grenzkosten (**Marginalanalyse**).
- Bei jeder Entscheidung für eine Alternative entstehen grundsätzlich **Opportunitätskosten** (auch Verzichts- oder Alternativkosten), die den entgangenen Nutzen ausdrücken.
- **Handlungsrestriktionen** (z. B. verfügbares Einkommen, Verfügbarkeit von Produkten …) bestimmen Nutzenüberlegungen.

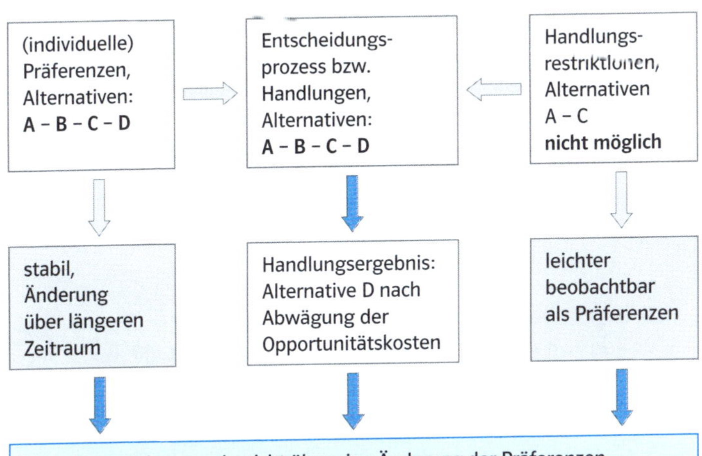

## Der einfache Wirtschaftskreislauf

- Der Drang der menschlichen **Bedürfnisbefriedigung** erfordert die Produktion von Gütern. Hersteller von Wirtschaftsgütern versuchen, durch neuartige Güter neue Bedürfnisse bei den Konsumenten hervorzurufen.
  - Diese Wechselbeziehungen lassen sich gesamtwirtschaftlich vereinfacht auf einen Kreislauf reduzieren:
  - Unternehmen produzieren Konsumgüter, die private Haushalte kaufen.
  - Private Haushalte stellen den Unternehmen Faktorleistungen zur Verfügung (= Boden, Arbeit, Kapital).

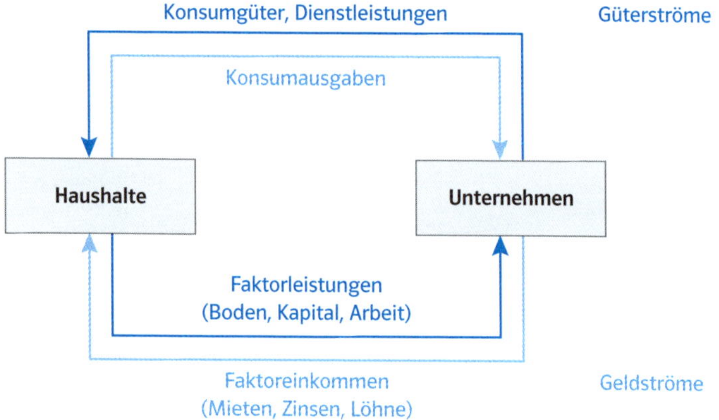


  - Da die Haushalte in der Realität nicht ihr gesamtes Einkommen für Konsum ausgeben, sondern sparen und nicht alle Güter verbraucht, sondern für Investitionszwecke genutzt werden, wird dieser Wirtschaftskreislauf noch erweitert um den Aspekt der „Vermögensveränderungen" und den Akteur „Staat".
  - Werden im Modell zudem Transaktionen mit dem Ausland berücksichtigt, wird vom Wirtschaftskreislauf einer **offenen Volkswirtschaft** gesprochen (→ S. 13).

## Der erweiterte (geschlossene) und der vollständig (geschlossene) Wirtschaftskreislauf

- Erweiterung des einfachen Wirtschaftskreislaufs durch die Sektoren **Bank** und **Staat**:
  - Haushalte sparen einen Teil ihres Einkommens (auf Konten → Banken = Kapitalsammelstellen).
  - Banken geben dieses Geld in Form von Krediten an Unternehmen; Unternehmen investieren in ihre Unternehmen.
  - Haushalte zahlen **direkte Steuern** (z. B. Lohn-, KFZ-Steuern) an den Staat und erhalten Transferzahlungen (z. B. Kindergeld, Renten, Gehälter (Beamte)). Unternehmen zahlen z. B. über die Mineralölsteuer **indirekte Steuern**.
  - In Form von z. B. Subventionen fließen Transferzahlungen vom Staat an Unternehmen.

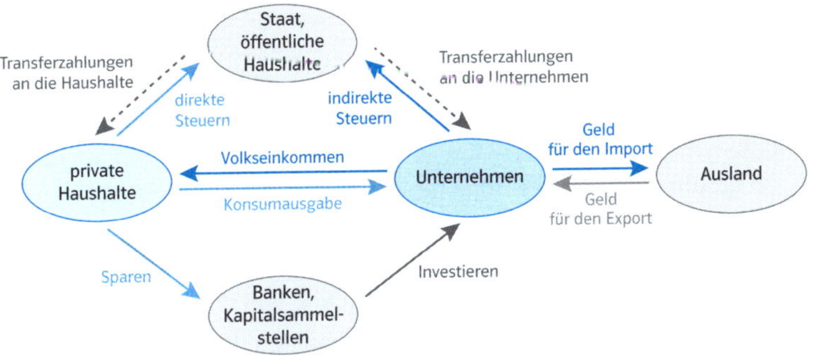


- Erweiterung des erweiterten Wirtschaftskreislaufs durch den Sektor Ausland zu einem **vollständigen Wirtschaftskreislauf**.
  - Entspricht die Summe der Zuflüsse nicht mehr der Summe der Abflüsse, liegt kein geschlossener Wirtschaftskreislauf vor.

## Betriebswirtschaftliche Produktionsfaktoren

- **Definition Produktionsfaktoren**: Produktionsfaktoren sind Faktoren, die für die Leistungserstellung im Betrieb erforderlich sind.

- In der Betriebswirtschaftslehre werden die Produktionsfaktoren üblicherweise nach Erich Gutenberg in **elementare** und **dispositive** Faktoren unterteilt.

- **Elementare Faktoren** (auch Elementarfaktoren):
  - **Objektbezogene ausführende Arbeit/menschliche Arbeitsleistung**: unmittelbar am Produktionsprozess beteiligt.
  - **Werkstoffe**: Alle Roh-, Hilfs- und Betriebsstoffe (Strom, Schmieröl …), Halb- und Fertigfabrikate, die für die Produktion benötigt werden.
  - **Betriebsmittel**: Alle Gegenstände, die im Produktionsprozess verwendet werden (Grundstücke, Gebäude, Maschinen, Anlagen, Werkzeuge, PCs).

- **Dispositive Faktoren**: Sie sind Teil des Produktionsfaktors „menschliche Arbeitsleistung", der für die organisierende, planende, leitende, durchführende und kontrollierende Tätigkeit in einem Unternehmen verwendet wird.
  - **Planung**: Rationaler Aspekt der Unternehmensführung; meint Planungsaufgaben sowie die Übernahme von Verantwortung.
  - **Betriebsorganisation**: Beinhaltet Tätigkeiten der Unternehmensleitung, die sich auf die Strukturierung sowie konkrete Gestaltung von Arbeitsabläufen innerhalb eines Betriebes beziehen.
  - **Irrationale Wurzeln**: Unternehmen müssen immer wieder Entscheidungen aus dem Bauch heraus treffen und nicht auf der Grundlage von Wissen; Gutenberg spricht diesbezüglich vom „unternehmerischen Instinkt" (irrationaler Aspekt der Unternehmensführung).

## Volkswirtschaftliche Produktionsfaktoren

- Die Herstellung der für die Bedürfnisbefriedigung notwendigen knappen Güter (Sachgüter und Dienstleistungen) vollzieht sich in einem Betrieb (als organisatorisch-technische Einheit zur Herstellung von Gütern/Dienstleistungen) durch Produktion.

- **Definition Produktion**: Umwandlung der Produktionsfaktoren (auch Ressourcen; Boden, Arbeit, Kapital) im Rahmen eines technischen Prozesses in Produkte.

- **Volkswirtschaftliche Produktionsfaktoren**:
  - **Boden**: Originärer (ursprünglicher) Produktionsfaktor; Bau- und Stellflächen für Betriebe/Anlagen.
  - **Arbeit**: Originärer Produktionsfaktor; auf Einkommenserzielung gerichtete menschliche körperliche wie geistige Tätigkeit.
  - **Kapital**: Derivativer Produktionsfaktor (derivativ = muss erst hergestellt werden); Gesamtheit aller hergestellten Produktionsmittel (Werkzeuge, Maschinen, Bauten …), die der Herstellung von Gütern dienen.
  - Weitere Produktionsfaktoren: dispositive Faktoren (Geschäftsleitung), technischer Fortschritt, Bildung, Qualifikation.

- Die Umwandlung der Produktionsfaktoren in Güter erfolgt nach dem **ökonomischen Prinzip** → Produktionsfaktoren werden so kombiniert und gegenseitig ersetzt (**substituiert**), dass sich der maximale Ertrag ergibt.
  - **Rationalisierung**: Substitution von menschlichem Kapital durch Maschinen,
  - **Produktivität**: Ergiebigkeit der betrieblichen Fächerkombination,
  - **Gesetz der Massenproduktion**: Die durchschnittlichen Stückkosten fallen mit Zunahme der Ausbringungsmenge.

  Gesetz der Massenproduktion: $k = \frac{k_f}{m} + k_v$

  $k$ = Stückkosten; $k_v$ = variable Stückkosten (Kosten, deren Höhe von der Ausbringungsmenge abhängt); $k_f$ = fixe Kosten (Höhe ist unabhängig von der Ausbringungsmenge, z. B. Mieten, Hypothekzinsen); $m$ = Ausbringungsmenge

## Kapital und Güterarten

- **Definition Kapital**:
  - Aus betriebswirtschaftlicher Sicht: Kapital ist für unternehmerische Zwecke eingesetzte Kaufkraft. Der Wert des Kapitals erscheint in der Bilanz auf der rechten Seite.
  - Aus volkswirtschaftlicher Sicht: Kapital als Produktionsfaktor (→ S. 15).

- Kapitalarten unterscheiden sich im Hinblick auf
  - den **Kapitalgeber**: Eigenkapital versus Fremdkapital,
  - die **Kapitalherkunft**: von innen versus von außen,
  - die **Fristigkeit**: lang-, mittel-, kurzfristig.

- **Güterarten**

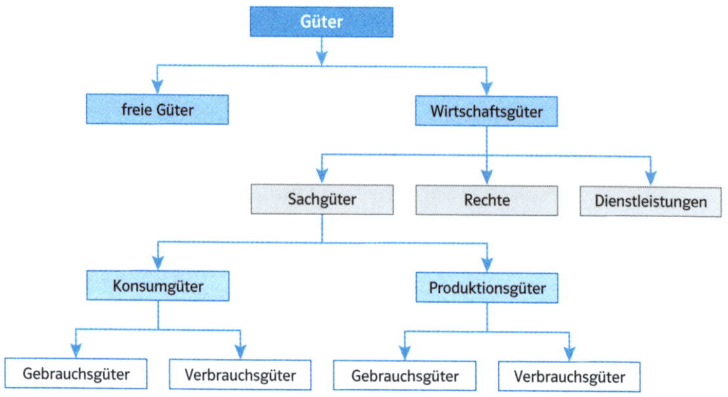


**freie Güter**: sind nicht knapp und haben daher keinen Preis (z. B. Luft);
**Wirtschaftsgüter**: knappe Güter, die nur in begrenzter Menge vorhanden sind; die Knappheit drückt sich über den Preis aus;
**Sachgüter**: materielle/körperliche, d. h. unfassbare Güter;
**Rechte/ Dienstleistungen**: immaterielle Güter wie z. B. Patente/Warentransport;
**Konsumgüter**: Güter, die private Haushalte zur unmittelbaren Bedürfnisbefriedigung nutzen;
**Produktionsgüter**: von Betrieben zur Produktion anderer Güter verwendet;
**Gebrauchsgüter**: mehrfach nutzbar;
**Verbrauchsgüter**: nur einmal nutzbar.

## Der Homo oeconomicus – ein Modell

- **Definition Modell**: Ein Modell ist die Bezeichnung für eine vereinfachte Nachbildung der Wirklichkeit, um – trotz komplexer Vorgänge oder Sachverhalte – verwertbare Aussagen zu erhalten.
- Modelle wollen nicht das Verhalten des Einzelnen erklären, sondern nur, wie sich die meisten Akteure in der Wirtschaft verhalten.
- Das Modell des **Homo oeconomicus**: Modell eines ausschließlich nach wirtschaftlichen Gesichtspunkten handelnden Nutzenmaximierers mit folgenden weiteren Eigenschaften:

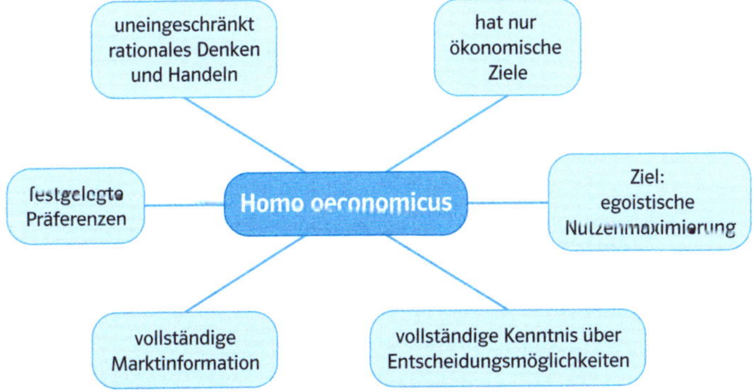


- Kritikpunkte am Modell des Homo oeconomicus:
  - **Emotionen** spielen bei Entscheidungen eine große Rolle, aber auch Gewohnheiten oder Vergleiche mit anderen. Neben Eigennützigkeit bestimmt **Fairness** das Handeln.
  - Individuelle Entscheidungen führen nicht immer zu einer Win-win-Situation (→ Gefangenen-Dilemma, S. 25).
  - Menschen haben ein **Informationsdefizit**, können folglich nicht immer alle wirtschaftlichen Prozesse durchschauen.
  - Menschen sind sich oft ihrer Präferenzen nicht bewusst.
  - **Opportunitätskosten** (→ S. 11) werden häufig übersehen.

## Nudges

- Menschen fällt es schwer, für sie optimale Entscheidungen zu treffen. Sie neigen dazu, kurzfristig ihre Bedürfnisse zu befriedigen, die langfristig negative Folgen haben, z. B.: Konsum statt Altersvorsorge.

- Durch Nudges („Verhaltensstupser") soll der Mensch unbewusst zu einem neuen, für ihn besseren Verhalten veranlasst werden, ohne dass er das Gefühl hat, durch Regelungen gegängelt zu werden.

- Der Begriff „Nudges" wurde von Richard Thaler und Cass Sustein durch ihr Buch „Nudge: Improving Decisions About Health, Wealth, and Happiness" geprägt.

- Das Konzept sieht keine Verbote oder ökonomischen Anreize vor (libertärer Paternalismus).

- Arten von Nudges:
  - **Paternalistische Nudges**: Ziel ist, das Verhalten einer einzelnen Person zu verändern, z. B. die Ernährung (etwa durch das geschickte Platzieren von Obst und Gemüse in Kantinen).
  - **Allgemeinwohl-Nudges**: Ziel ist eine Verhaltensänderung in der Gesellschaft, z. B. im Hinblick auf den Umweltschutz.

- Kritik:
  - Nudges kommen einer Bevormundung der Bürger gleich (≠ Freiheit und Mündigkeit der Bürger).
  - Nudges manipulieren die Menschen, sie nutzen ihre Schwächen aus.
  - Grundsätzlich stellt sich die Frage, ob die Politik bessere Entscheidungen treffen kann als der Einzelne. Das Konzept geht davon aus, dass der Staat zudem weiß, was das Beste für den Menschen ist.

## Wirtschaftsordnung

- **Definition Wirtschaftssystem**: Es umfasst alle wirtschaftlichen Elemente, d.h. natürliche und sachliche Ressourcen, den Menschen als Produzenten und Konsumenten; alle wirtschaftlichen Beziehungen (Produktions-, Verteilungs-, Konsumprozesse) zwischen den Wirtschaftseinheiten und die wirtschaftliche Ordnung.

- **Definition Wirtschaftsordnung**: Sie umfasst die Gesamtheit der vorhandenen Institutionen und Regelsysteme, die für den organisatorischen Ablauf und Aufbau einer Volkswirtschaft notwendig sind.

- Unter **Institutionen** verstehen wir dabei Regelsysteme, in denen Verhaltensweisen an verbindliche Regeln geknüpft sind. Sie haben somit das Ziel, das individuelle Verhalten der Menschen in die gewünschte Richtung zu steuern.

- Der **Staat** ist der **Träger der Wirtschaftsordnung**; er entscheidet, ob eine Volkswirtschaft markt- oder planwirtschaftlich organisiert ist.

- Wirtschaftsordnungen müssen die zentralen Fragen beantworten:
  - Wer soll produzieren?<br>Was soll produziert werden?<br>Wie soll produziert werden?<br>Für wen sollen die Güter produziert werden?

- Daraus ergeben sich folgende Strukturelemente:
  - **Planungs- und Lenkungsfunktion**: zentral (durch Herrschaft) oder dezentral (durch Selbstkoordination),
  - **Eigentumsform**: Privateigentum oder Staatseigentum,
  - **Markt- und Preisbildungsform**: auf Märkten oder durch staatliche Preisfestsetzung,
  - **Unternehmensform**: Gewinnerprinzip oder Planerfüllungsprinzip.

## Grundgesetz und Wirtschaftsordnung

- Das Grundgesetz trifft keine Entscheidung im Hinblick auf eine Wirtschaftsordnung.

- Diese **wirtschaftspolitische Neutralität** ermöglicht es dem Gesetzgeber, die Wirtschaftspolitik zu verfolgen, die ihm jeweils sachgerecht erscheint.

- Das Grundgesetz setzt jedoch **klare Grenzen**, innerhalb derer die Ausgestaltung der Wirtschaftsordnung stattzufinden hat. Sie muss
  - der **freien Entfaltung der Persönlichkeit** (Art. 2 Abs. 1) gerecht werden, daraus abgeleitet: Unternehmensfreiheit, Gewerbefreiheit, Wettbewerbsfreiheit, Vertragsfreiheit;
  - die **freie Berufswahl** (Art. 12) ermöglichen, dies beinhaltet auch die Gewerbe- und Unternehmerfreiheit, das Recht der freien Wahl des Arbeitsplatzes und der Ausbildungsstätte;
  - dem **Sozialstaatsgebot** (Art. 20 Abs. 1) gerecht werden
  - sowie **Privateigentum** (Art. 14) garantieren. Dies beinhaltet auch unternehmensbestimmtes Eigentum und seine wirtschaftliche Nutzbarkeit.

- Der Staat kann folglich weder eine staatliche Zwangswirtschaft einführen, noch kann er sich seiner Verantwortung für soziale Gerechtigkeit entziehen.

- Das Grundgesetz sieht die Wirtschaftsordnung jedoch nicht einseitig kapitalistisch bzw. rein marktwirtschaftlich:
  - Art. 14 Abs. 2, **Eigentum verpflichtet**: Eigentum ist folglich nicht nur ein Freiheitsrecht, sondern soll dem Wohle der Allgemeinheit dienen.
  - Art. 15: **Enteignung von Privateigentum** (nur zum Wohle der Allgemeinheit, gegen Entschädigung) ist möglich, wenn dadurch bestimmte sozialstaatliche und wirtschaftspolitische Ziele erreicht werden können.

## Zentralverwaltungswirtschaft (Planwirtschaft)

- Alle wirtschaftlichen Entscheidungen und Abläufe werden nicht über den Markt, sondern zentral, über gesamtwirtschaftliche Pläne (meist Fünfjahrespläne) gesteuert.

- Merkmale der Zentralverwaltungswirtschaft:
  - **Eigentumsform**: Das Eigentum an Produktionsmitteln befindet sich in den Händen der Gesellschaft (Sozialismus; Kollektiveigentum, verkörpert durch den Staat).
  - **Planungs- und Lenkungsform**: Koordination der Güter- und Dienstleistungsproduktion über Pläne. Staat entscheidet über die angewandten Produktionstechnologien, Produktionsfaktoren und die Einkommens- und Vermögensverteilung; Unternehmen treffen keine eigenen Entscheidungen, Staat legt Art und Umfang der Produktion fest.
  - **Preisbildung**: staatliche Festsetzung,
  - **Unternehmensziel**: Planerfüllung.

- Sie war bis 1990 die vorherrschende Wirtschaftsordnung im Einflussgebiet der Sowjetunion und in China.

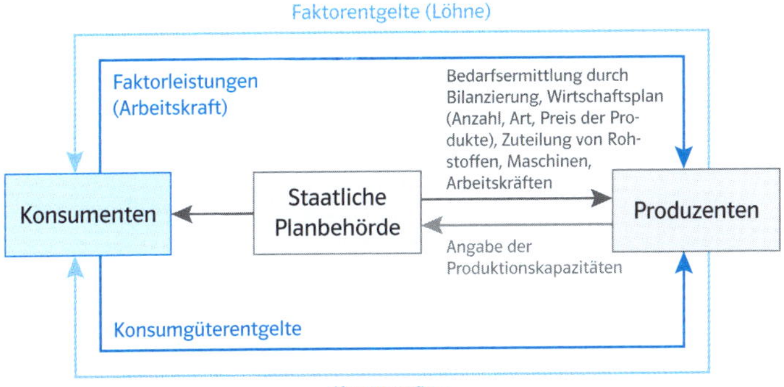


**Voraussetzungen**: Kein Privateigentum an Produktionsmitteln; Unternehmen sind Volkseigentum und produzieren im Auftrag des Staates zum Wohle aller; Arbeitsplätze und die Existenz der Betriebe sind gesichert; es herrscht keine marktwirtschaftliche Konkurrenz der Betriebe untereinander.

## Kritik an der Zentralverwaltungswirtschaft

- **Vorteile**:
  - Es herrscht eine Versorgungssicherheit an verbilligten Gütern des täglichen Bedarfs.
  - Da Arbeitnehmern ein Arbeitsplatz zugewiesen wird, gibt es keine offene Arbeitslosigkeit.
  - Der Staat sorgt dafür, dass wirtschaftlich Schwache nicht ausgebeutet werden. Der Staat sorgt für Sozialeinrichtungen, die für jedermann zugänglich sind.
  - Es gibt keine Konjunkturschwankungen.
  - Fehlentwicklungen zwischen öffentlichen und privaten Investitionen und beim Wachstum werden verhindert.

- **Nachteile**:
  - Die Produktion entspricht oft nicht der Nachfrage.
  - Planungsfehler führen zu Versorgungslücken.
  - Die Produktivität in der Zentralverwaltungswirtschaft ist geringer als in der Marktwirtschaft.
  - Die Zentralverwaltungswirtschaft benötigt einen aufwendigen und kostspieligen Bürokratismus.
  - Fünfjahrespläne führen zu einem Mangel an Flexibilität, sich an veränderte Voraussetzungen anzupassen.
  - Da es vorrangig um die Planerfüllung (Quantität der Konsumerfüllung) geht, leidet die Qualität der Produkte.
  - Subjektive Bedürfnisse und Wünsche der Bürger können kaum einem Plan untergeordnet werden.
  - Fehlender Wettbewerb führt dazu, dass kaum Innovationen entstehen (Innovationsträgheit).
  - Es gibt kein Privateigentum an Produktionsmitteln, wodurch Anreize zu Leistung und Eigeninitiative fehlen. Fehlende Leistungsanreize gehen einher mit einer unzureichenden Leistungsmotivation.
  - Es herrscht keine freie Wahl von Beruf und Arbeitsplatz und keine Möglichkeit der persönlichen Entfaltung.

## Adam Smith (1739–1790): Wirtschaftsliberalismus

- Adam Smith gilt als Vater der **klassischen Nationalökonomie**; zentrales Werk „Der Wohlstand der Nationen" (1776).

- Zentrale Annahme: Bei **vollständiger Konkurrenz** und dem **freien Spiel der Kräfte** führt der Preismechanismus dazu, dass – wie von einer **unsichtbaren Hand** gelenkt – in einem Land **maximaler Wohlstand** und ein **Gleichgewicht auf den Märkten** entsteht.

- Das bedeutet, dass der Einzelne, der nach der **Maximierung seines wirtschaftlichen Vorteils** strebt, bei der Befriedigung seiner persönlichen Bedürfnisse unbewusst gleichzeitig der gesamten Gesellschaft dient, da der Wohlstand insgesamt ansteigt (Win-win-Situation).

- Da für erfolgreiche Investitionen **Orts- und Detailkenntnisse** über Wirtschaftszweige und Einblicke in die Volkswirtschaft notwendig sind, die einzelne Kapitalbesitzer im Gegensatz zu Politikern oder dem Staat als Ganzes haben, sollen sich die **Kräfte des Marktes möglichst ungehindert** von staatlichen Eingriffen entfalten.

- Der Staat hat folgende Aufgaben: Sicherung des Wettbewerbs, Sicherheit und Verteidigung, Außen- und Außenwirtschaftspolitik, Finanzpolitik (Nachtwächterstaat).

- Adam Smith wendet sich somit **gegen den Merkantilismus**, bei dem der Staat durch Zollmauern und Exportsubventionen in die Wirtschaft eingreift.

- **Kritik**:
  - Eine allgemeine Steigerung des Wohlstands führt nicht zwangsläufig dazu, dass alle davon profitieren (z.B. soziale Frage im Zuge der Industrialisierung im 19. Jahrhundert).
  - Die Annahme, dass die weitere Kapitalbildung bzw. -investition auf das Land des Kapitaleigners beschränkt ist, setzt geschlossene Volkswirtschaften voraus.

## Freie Marktwirtschaft

- Marktwirtschaftliche Modelle basieren auf dem Gedankengut des klassischen Liberalismus (→ S. 23, Adam Smith).
- Im Hinblick auf die Merkmale einer Wirtschaftsordnung (→ S. 19) gilt Folgendes:
  - **Eigentumsform**: Das Eigentum an Produktionsfaktoren ist in den Händen der Wirtschaftsteilnehmer (Privateigentum; Freiheit des Eigentums).
  - **Planungs- und Lenkungsform**: Die Zuteilung der Ressourcen erfolgt durch (dezentrale) Entscheidungen zahlreicher Unternehmer und Haushalte. Sie wirken auf Märkten zusammen und werden durch Preise und Eigeninteressen bei ihren Entscheidungen geleitet.
  - **Markt- und Preisbildungsform**: Allein der Markt und die dortige Preisbildung (Angebot und Nachfrage) entscheidet, welche Güter in welchen Mengen und zu welchem Preis angeboten werden.
  - **Unternehmensziel**: Gewinnmaximierung.

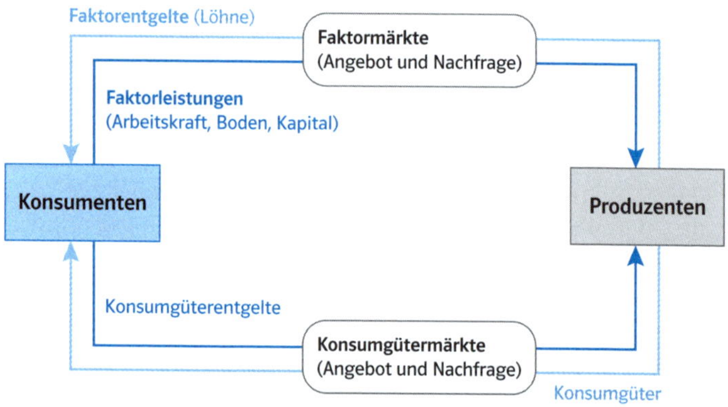


**Voraussetzungen**: Freier Wettbewerb, freie Preisbildung; Privateigentum an Produktionsmitteln; freie Berufswahl; die Rolle des Staates ist die eines Nachtwächterstaates, er übernimmt Aufgaben wie z.B. die innere und äußere Sicherheit, den Schutz des Privateigentums; die Justiz, die Bereitstellung einer Währung sowie nicht marktkonformer öffentlicher Güter.

## Das Gefangenen-Dilemma – eine Ausnahme

- Das Gefangenen-Dilemma (ein Beispiel aus der Spieltheorie) bezeichnet eine **Konfliktsituation**, in der **individuell rationales Verhalten nicht zur optimalen Gesamtwohlfahrt** führt.
- Erläuterung: Zwei Gefangenen, die isoliert voneinander in Haft sitzen, werden Verbrechen zur Last gelegt. Allerdings kann der Staatsanwalt nur eines der beiden Verbrechen nachweisen, für das andere benötigt er das Geständnis von mindestens einem der Gefangenen.
- Folgendes bietet er den Gefangenen an:

| | | Gefangener 2 | |
|---|---|---|---|
| | | gestehen | nicht gestehen |
| Gefangener 1 | gestehen | 7 Jahre<br>7 Jahre | frei<br>10 Jahre |
| | nicht gestehen | 10 Jahre<br>frei | 1 Jahr<br>1 Jahr |

- Das Dilemma für die Gefangenen besteht darin, dass sie eine Entscheidung treffen müssen („gestehen“ oder „nicht gestehen“), ohne die Entscheidung des anderen zu kennen. Das Strafmaß richtet sich aber danach, was die beiden Gefangenen zusammengenommen aussagen.
- Aus der Perspektive beider Gefangener ist die beste Strategie zu gestehen, wenn der andere nicht gesteht.
- Wählen beide die Strategie „gestehen“, führt die optimale individuelle Strategie hinsichtlich der Gesamthaftzeit nicht zu einem optimalen Resultat.
- Die beste Regelung (beide gestehen nicht) ist ohne Absprache kaum möglich.

## Kritik an der freien Marktwirtschaft

- **Vorteile**:
  - Der Wettbewerb führt zu einer hohen Produktivität und Gewinnanreizen.
  - Freie Verfügung über Privateigentum, freie Berufs- und Arbeitsplatzwahl sowie freie Entfaltung der Persönlichkeit.
  - Der Wettbewerb führt zu Innovationen und technischem Fortschritt.
  - Optimales Güterangebot zu günstigen Preisen.

- **Nachteile**:
  - **Konjunkturschwankungen** mit einer Deflation und hoher Arbeitslosigkeit können zur Verelendung führen.
  - Bei Arbeitskräfteüberschuss besteht die Gefahr der **Ausbeutung** der Arbeitskraft.
  - Durch das **Fehlen** einer **arbeitsrechtlichen Absicherung** besteht die Gefahr der Ausbeutung von Arbeitern.
  - Aufgrund des Leistungsprinzips kommt es zu einer **Ungleichheit bei der Einkommens- und Vermögensverteilung** (Konzentration des Vermögens).
  - Die **Tendenz zur Monopolisierung** führt zu **Wettbewerbsverzerrungen** (Tendenz bei Unternehmen, durch Unternehmenszusammenschlüsse den Wettbewerb einzuschränken).
  - Die **Gewinnorientierung** von Unternehmen kann mit **sozialpolitischen Zielen** im Konflikt stehen.
  - Es herrscht ein **Mangel an öffentlichen Gütern**, da Unternehmen nur die Güter produzieren, mit denen sie Gewinn machen können. Güter, mit denen dies nicht einfach möglich ist, werden nicht in optimaler Menge produziert (z. B. Bildung, Straßen).
  - Es entstehen **externe Effekte** (Gewinnorientierung versus Umweltschutz, z. B. ein Unternehmen leitet Giftstoffe über das Abwasser in einen Fluss, kommt für die Schäden jedoch nicht auf).

## Ordoliberalismus (Freiburger Schule)

- Die Freiburger Schule des Neoliberalismus, auch als Ordoliberalismus bezeichnet, entstand Ende der 1920er-Jahre an der Universität Freiburg unter Walter Eucken.

- Ausgangspunkt dieser Schule war die Beobachtung, dass der freie Wettbewerb in der Weimarer Republik durch Interessens- und Machtgruppen sowie Kartelle und Monopole eingeschränkt wurde. Eine zentrale Planung wie in der UdSSR oder im NS-Staat lehnte Walter Eucken ab.

- Der Ordoliberalismus geht von folgenden Annahmen aus:
  - In der „reinen" Marktwirtschaft (Laissez-Faire-Prinzip, Nachtwächterstaat), in der der Markt allein den Wirtschaftssubjekten überlassen ist, führt die der Marktwirtschaft inhärente „Freiheit" schließlich zu Unfreiheit, da Interessensgruppen die Kontrolle übernehmen.
  - Ein passiver Staat erweist sich somit als hemmend für die wirtschaftliche Entwicklung eines Landes.
  - Eine funktionsfähige Wettbewerbsordnung entsteht nicht von selbst, sondern muss vom Staat bewusst erschaffen und erhalten werden.

- Somit kommt dem Staat im Ordoliberalismus eine aktive Rolle zu:
  - Der Staat sorgt für einen rechtlichen Ordnungsrahmen (Ordo), innerhalb dessen sich der Markt dann frei (Liberalismus) entfalten kann.
  - Der Ordnungsrahmen stellt die freiheitliche Betätigung von Unternehmen und Haushalten sicher und verhindert das Entstehen von Marktmacht (Kartelle, Monopole).
  - In den Wirtschaftsprozess mischt sich der Staat größtenteils nicht ein.

- Folglich lautet die Leitformel des Ordoliberalismus nach Walter Eucken: „Staatliche Planung der Formen: ja; staatliche Planung und Lenkung des Wirtschaftsprozesses: nein."

## Soziale Marktwirtschaft

- Die soziale Marktwirtschaft ist die Wirtschaftsordnung der Bundesrepublik Deutschland und wurde von Ludwig Erhard und Alfred Müller-Armack geprägt.

- Sie verbindet die Prinzipien der Marktwirtschaft mit einem sozialen Ausgleich. Die wirtschaftliche Freiheit wird eingeschränkt, wenn die soziale Gerechtigkeit und die soziale Sicherung gefährdet sind. Dem Staat kommen dabei folgende Aufgaben zu:
  - Sicherung eines funktionsfähigen Wettbewerbs (**Wettbewerbspolitik**) und der Leistungskraft der Wirtschaft (**Antiinflations-, Wachstums-, Beschäftigungspolitik**);
  - **Einkommens- und Vermögensumverteilungen**;
  - Schaffung einer **Arbeits- und Sozialordnung**.

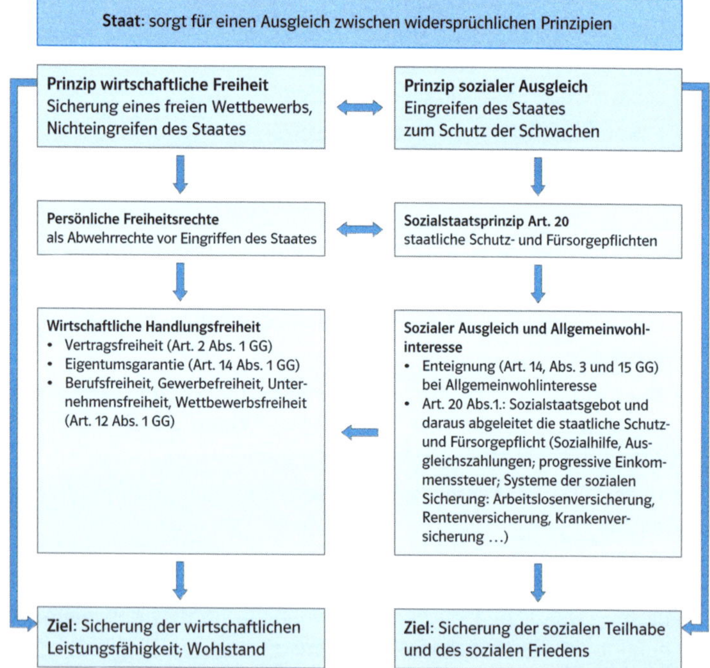

## Die soziale Marktwirtschaft in der BRD: Herausforderungen

- **Materieller Wohlstand**: Er ist derzeit so groß wie nie zuvor in der BRD (Ø Wirtschaftswachstum von 1950–2015: 3,3 %). Es profitieren jedoch nicht alle gleichermaßen → faire Teilhabe an Wohlstandsgewinnen als zentrale Frage. Die reichsten 10 % der Bevölkerung verfügen über 60 % des Nettovermögens; Einkommens- und Vermögensungleichheiten wachsen seit den 1980er-Jahren.

- **Chancengerechtigkeit** als Maß der Inklusivität und Fairness der sozialen Marktwirtschaft. Indikatoren: **Geschlecht/Gender Pay Gap**: Unterschied zwischen den Geschlechtern beim Gehalt trotz gleicher Tätigkeit; **Wohnort**: signifikanter Unterschied zwischen Ost und West z. B. bezüglich Einkommen und qualifizierten Arbeitsplätzen; **sozioökonomische Stellung des Elternhauses**: geringe Akademisierung von Arbeiterkindern.

- **Armut**: Steigendes Armutsrisiko seit 2006 trotz Beschäftigungsboom sowie steigende Armutspersistenz (anhaltende Armut).

- **Demografischer Wandel**: Alterung der Gesellschaft (durch Fortschritte in der Medizin und verbesserte Lebensbedingungen); Rückgang der Geburtenraten; Zunahme der Rentner innerhalb der Gesamtbevölkerung → **Belastung** für den **Generationenvertrag**.

- **Soziokulturelle Herausforderungen**: Veränderte Familienstrukturen (Kleinfamilien) führen dazu, dass informelle Leistungen (Unterstützung der älteren Familienmitglieder durch jüngere) abnehmen, der Staat muss zunehmend einspringen.

- **Globalisierung**: Kritik an der Höhe der Sozialausgaben, sie führen zu teuren Produktionsbedingungen → negative Auswirkungen auf die Wettbewerbsfähigkeit des Wirtschaftsstandorts Deutschland.

- **Arbeitswelt 4.0**: Zunehmende Automatisierung der Arbeit, Verschiebung der Arbeitskräftenachfrage (zulasten der geringer Qualifizierten) mit Folgen für das Sozialsystem (→ S. 157).

## Angebot und Nachfrage

- Angebots- und Nachfragekurven bilden den Zusammenhang zwischen Preis und Menge ab. Im Schnittpunkt beider Kurven ist der **Markt im Gleichgewicht**: Die nachgefragte Menge entspricht der angebotenen Menge.

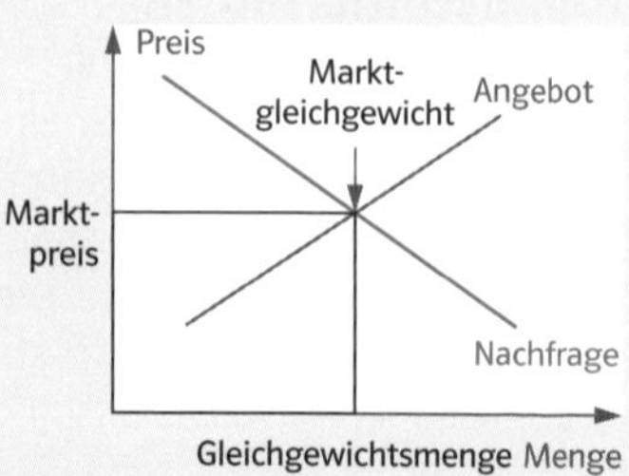


- Die **Steigung** der Kurven zeigt die Veränderung von Angebot und Nachfrage auf Preisänderungen an.
  - Die **Nachfragekurve** hat in der Regel eine **negative Steigung**, da die nachgefragte Menge eines Gutes steigt, wenn der Preis fällt.
  - Die **Angebotskurve** dagegen hat eine **positive Steigung**, da bei einem hohen Preis die Anbieter mehr anbieten.

- Alle Einflussfaktoren, die bei gegebenem Preis die Nachfrage erhöhen (senken), verschieben die Nachfragekurve nach rechts (links) und alle Einflussgrößen, die bei gegebenem Preis das Angebot erhöhen (senken), verschieben die Angebotskurve nach rechts (links).

- Verändert sich der Preis des betrachteten Gutes, verändert sich keine der Kurven, da sich dadurch nicht das Verhältnis ändert, zu welchem Preis Konsumenten bereit sind, eine bestimmte Menge zu erwerben.

- Einflussfaktoren auf Angebot und Nachfrage

| Angebot | Nachfrage |
|---|---|
| – technischer Fortschritt<br>– Anzahl an Anbietern<br>– steigende Preise für Ressourcen<br>– Erwartungen an Preise und Technik | – Einkommen<br>– Präferenzen, Trends<br>– Preise anderer Güter<br>– Anzahl an Käufern<br>– Erwartungen an Preise und Einkommen |

## Preise und ihre Funktion

- Preise haben in der Marktwirtschaft verschiedene Funktionen, sogenannte Preisfunktionen.

| Funktion | Beschreibung |
|---|---|
| **Informationsfunktion** (Knappheitsindikator) | Der Preis ist Ausdruck der relativen Knappheit eines Gutes und somit ein Knappheitsindikator. Er verdeutlicht die Wertschätzung, nicht jedoch den Wert einzelner Güter. Es gilt: Je knapper ein Gut, desto höher ist sein Preis. |
| **Selektionsfunktion** (Zuteilung und Auslese) | Der Preis sorgt dafür, dass Anbieter ausscheiden, die aufgrund der zu hohen Kosten ihrer Produkte der Konkurrenz auf dem Markt nicht standhalten und keine Preissenkungen mitmachen können. Zudem scheiden Nachfrager aus, die den Marktpreis eines Gutes nicht zahlen können. |
| **Koordinations- und Ausgleichsfunktion** (Ausgleich von Angebot und Nachfrage) | Auf Grundlage des Preises eines Gutes planen die Anbieter bzw. die Nachfrager ihr Angebot bzw. ihre Nachfrage. Bei der Preisbildung haben wir es mit einem ständigen Prozess zu tun, da sich die Bedürfnisse und Knappheitsverhältnisse permanent ändern. |
| **Allokationsfunktion** (Anreiz und Lenkung) | Preise steuern die Produktionsfaktoren Arbeit und Kapital in die bestmögliche Verwendung, also dorthin, wo die erzielbaren Einnahmen am höchsten sind. Folglich sind Unternehmen stets bemüht, knappe Ressourcen effizient einzusetzen. |
| **Erziehungsfunktion** | Preise erziehen Produzenten und Konsumenten dazu, mit knappen Gütern sparsam umzugehen. Bei teuren Gütern bedeutet ein sorgloser Umgang Verschwendung und somit Verluste. Preise erziehen zudem die Produzenten wie die Konsumenten dazu, Preise zu vergleichen. |

## Preiselastizität

- Die Preiselastizität misst, wie sehr sich die Nachfrage nach einem Produkt bei steigendem bzw. sinkendem Preis verändert.

$$\textbf{Preiselastizität} = \frac{\text{Prozentuale Änderung der Nachfrage}}{\text{Prozentuale Preisänderung}}$$

- Die Preiselastizität (EL) der Nachfrage ist negativ. Da sie jedoch als absoluter Wert angegeben wird, wird auf das negative Vorzeichen (meist) verzichtet.

| | |
|---|---|
| EL = ∞ | **Vollkommen elastisch**: Sehr kleine Preisänderungen führen zu starken Schwankungen in der Nachfrage, z. B. keine Produktbindung und -differenzierung; Massenware ohne Marke. |
| EL > 1 | **Relativ elastisch**: Auf kleine Preisänderungen reagieren die Verbraucher drastisch und sehr schnell, z. B. Lebensmittel. |
| EL = 1 | **Proportional elastisch**: Auf eine Preisänderung folgt eine ebenso große Änderung der Nachfrage. |
| EL < 1 | **Relativ unelastisch**: Selbst große Preissprünge führen nur zu geringen Nachfrageänderungen, z. B. Benzin. |
| EL = 0 | **Vollkommen unelastisch**: Preisveränderungen beeinflussen die Nachfrage nicht. Dies findet man oft in Monopolmärkten (Kunden können keine Substitutionsgüter wählen). |

- **Einflussfaktoren auf den Preis**: Art des Produktes, Qualität des Marketings, Einkommen der Zielgruppe, Wettbewerber, Konjunktur und Zustand der Volkswirtschaft.

$$EL_{ind} = \frac{\text{Relative Nachfrageänderung des Produktes B}}{\text{Relative Preisänderung des Produktes A}}$$

- Die **indirekte Preiselastizität (Kreuzpreiselastizität) der Nachfrage** gibt an, wie sich die Preisänderung eines Gutes auf die Komplementärprodukte auswirkt, z. B. ändert sich der Preis für Butter, hat dies Auswirkungen auf die Nachfrage nach Margarine.

- Ist $EL_{ind}$ positiv, handelt es sich um ein Substitutionsgut, bei einem negativen Wert um ein komplementäres Gut.

- Die langfristige Elastizität ist bei den meisten Gütern stärker als die kurzfristige, da Anpassungseffekte an Preisänderungen möglich sind.

## Konsumenten- und Produzentenrente

- **Konsumenten- und Produzentenrente** sind ein wesentlicher Bestandteil der **ökonomischen Wohlfahrt**. Sie beschreibt, wie hoch der Nutzen aller Individuen in einem bestimmten Markt oder der gesamten Wirtschaft ist.
  - **Definition Konsumentenrente (KR)**: Die KR ist die Differenz zwischen dem Preis, den die Käufer höchstens bereit sind, für ein Gut zu zahlen (maximale Zahlungsbereitschaft), und dem Marktpreis. Die Zahlungsbereitschaft wird durch die Nachfragekurve angegeben.

    Konsumentenrente = Zahlungsbereitschaft – Marktpreis
  - **Definition Produzentenrente (PR)**: Die PR ist die Differenz aus dem Gleichgewichtspreis, den der Produzent aufgrund der Marktverhältnisse erhält, und dem Preis, den er benötigt, um rentabel zu sein. Sie wird durch die Angebotskurve angegeben.

    Produzentenrente = Marktpreis – Reservationspreis
    (auch Vorbehaltspreis, also der maximaler Preis, den der Konsument bereit ist zu zahlen)
  - **Definition Prohibitivpreis**: Dieser bezeichnet den Preis, bei dem die Käufer nicht mehr bereit oder in der Lage sind, eine Einheit eines Gutes zu erwerben.
  - **Definition Sättigungsmenge**: Sie gibt die Nachfragemenge an, die bei einem Preis von Null nachgefragt wird.

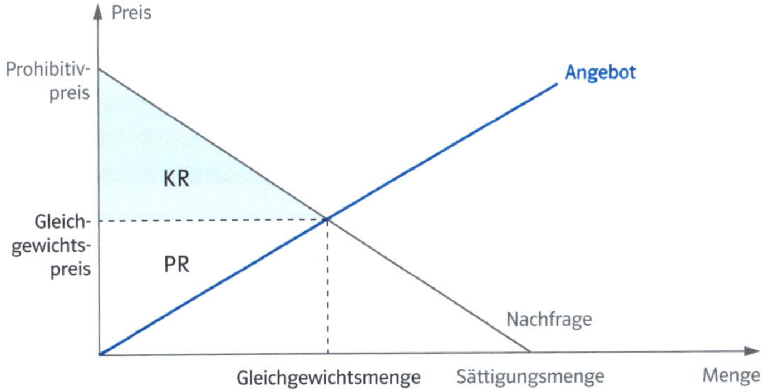

## Wettbewerb

- **Definition Wettbewerb**: Mindestens zwei Marktteilnehmer konkurrieren auf Angebots- oder Nachfrageseite um einen Geschäftsabschluss.
  - Wettbewerb setzt somit voraus: die Existenz von Märkten; mindestens zwei Anbieter bzw. Nachfrager, die sich nicht kooperativ, sondern antagonistisch verhalten.

- **Kurzfristige Funktionen des Wettbewerbs**:
  - **Steuerungsfunktion**: Unternehmen müssen sich mit ihrem Angebot an den Wünschen der Kunden orientieren.
  - **Verteilungsfunktion**: Die Menschen erhalten eine leistungsgerechte Entlohnung.
  - **Anreizfunktion**: Um wettbewerbsfähig zu sein, besteht der Anreiz zum effizienten Einsatz von Ressourcen, einer Minimierung von Kosten, zu technischem Fortschritt, Innovationen und Qualitätsverbesserungen.
  - **Sanktionsfunktion**: Unternehmen, die ihre Ressourcen nicht effizient einsetzen oder am Markt vorbei produzieren, erhalten Einkommenseinbußen oder verschwinden vom Markt.
  - **Allokationsfunktion**: Wettbewerb sorgt für niedrige Preise und hohe Qualität, da Ressourcen effizient eingesetzt werden.
  - **Kontrollfunktion**: Wettbewerb verhindert marktbeherrschende Stellungen in Wirtschaft, Politik und Gesellschaft.

- **Langfristige Funktionen des Wettbewerbs**:
  - **Anpassungsfunktion**: Unternehmen müssen ihre Produktion permanent an den Marktanforderungen ausrichten.
  - **Wettbewerbsfunktion**: Wettbewerb fördert Innovationen und Pioniergewinne (= Vorsprungsgewinne bei Innovationen).
  - **Imitationsfunktion**: Wettbewerbsvorsprünge reizen Unternehmen zur Imitation und sorgen für technischen Fortschritt.

## Marktkonforme und marktkonträre Maßnahmen des Staates

- Eingriffe des Staates in das Marktgeschehen haben Einfluss auf die **Lenkungsfunktion des Preises** und somit auf **die Konsumenten- und Produzentenrente** (→ S. 33).
  - Markteingriffe führen in der Regel, auch wenn einzelne Bevölkerungsgruppen begünstigt werden, zu einem **Wohlfahrtsverlust** (d.h. die Summe an Produzenten- und Konsumentenrente sinkt).

- **Marktkonforme Maßnahmen**: Eingriffe des Staates in die Marktpreisbildung, ohne den Preismechanismus außer Kraft zu setzen, wie z.B.:
  - das Erheben von Steuern, Zöllen und sonstigen Abgaben,
  - Subventionen und Transferleistungen,
  - staatliche Stützungskäufe zur Aufrechterhaltung eines bestimmten Preises (z.B. Notenbanken kaufen Wertpapiere, um ein bestimmtes Kurs- bzw. Zinsniveau zu stabilisieren).

- **Marktkonträre Maßnahmen**: Eingriffe des Staates in die Marktpreisbildung, die den Preismechanismus außer Kraft setzen wie:
  - **Festpreise**, d.h. ein Preis, der weder unter- noch überschritten werden darf.
  - **Mindestpreise**, um bestimmten Produzentengruppen ein Einkommen zu sichern. Der Absatz der Güter erfolgt dabei zu einem Preis, der über dem Gleichgewichtspreis liegt (z.B. Preisbildung auf Agrarmärkten).
    → Mindestpreise führen zu einem **Überangebot** und erfordern staatliche Maßnahmen (Aufkauf/Verwertung des Angebotsüberschusses).
  - **Höchstpreise**, um Konsumenten besserzustellen, da der Preis des Gutes unter dem Gleichgewichtspreis liegt (z.B. Mietstopp/Mietpreisbremse).
    → Höchstpreise führen zu einem Nachfrageüberhang und erfordern staatliche Kontrollmaßnahmen.

## Marktformen

- Marktformen werden nach **mengenmäßigen** (morphologischen) Gesichtspunkten klassifiziert. Entscheidend dabei ist die Anzahl der Nachfrager und Anbieter auf einem Markt:

| | | Nachfrager | | |
|---|---|---|---|---|
| | | einer | wenige | viele |
| Anbieter | einer | bilaterales Monopol | beschränktes Angebotsmonopol | Angebotsmonopol |
| | wenige | beschränktes Monopol | zweiseitiges Oligopol | Angebotsoligopol |
| | viele | Nachfrageoligopol | Nachfrageoligopol | polypolistische Konkurrenz |

  - Das **bilaterale Monopol** ist in der Realität kaum vorhanden.
  - Beim **Polypol** spricht man von vollkommener Konkurrenz, wenn zusätzlich alle Vollkommenheitskriterien erfüllt sind (Fehlen sachlicher, räumlicher, persönlicher und zeitlicher Präferenzen, vollkommene Markttransparenz, homogene Güter, keine Markteintrittsbarrieren und rationales Verhalten der Marktteilnehmer).
  - Der **Markt ist unvollkommen**, wenn eines dieser Kriterien nicht erfüllt ist, z. B. die Preise aufgrund der Präferenzen der Nachfrager unterschiedlich sind oder keine Markttransparenz gewährleistet ist (d. h. Käufer wissen z. B. nicht, dass gleichwertige Produkte anderswo günstiger sind).
  - In der Realität ist ein **vollkommener Markt** selten anzutreffen. Der vollkommene Markt ist jedoch die Grundlage für das Modell der Preisbildung und des Marktmechanismus (→ S. 30).

- Die **Beschaffenheit der Güter** kann zur weiteren Unterscheidung der Marktformen herangezogen werden:
  - **Homogen**: Die angebotenen Produkte sind gleichwertig, obwohl sie von verschiedenen Anbietern stammen.
  - **Heterogen**: Die Waren können nur in geringem Maß durch andere Produkte ersetzt werden.

## Marktversagen

- Definition **Marktversagen**: Situation, in der der Markt keine den gesellschaftlichen Nutzen erhöhenden Ergebnisse liefert. Das Wohlfahrtsoptimum (Pareto-Optimum) wird nicht erreicht.

- **Ursachen** für Marktversagen:
  - **Negative externe Effekte**: Kosten, die von Dritten und nicht vom Verursacher getragen werden, z. B. Umweltbelastung.
  - **Öffentliche Güter**: Güter, von deren Nutzung niemand ausgeschlossen werden kann (Ausschlussprinzip) und die zur gleichen Zeit von mehreren Personen genutzt werden können (Nicht-Rivalität), z. B. saubere Luft. Diese frei verfügbaren, aber begrenzten Ressourcen müssen vor Übernutzung geschützt und über Marktinteressen gestellt werden.
  - **Korruption**: Individuen werden durch Zuwendungen in ihren Marktentscheidungen beeinflusst. Ressourcen werden somit nicht mehr ideal zugewiesen, z. B. Vetternwirtschaft.

- **Asymmetrische Informationen**: Marktteilnehmer verfügen nicht über vollständige Informationen, sondern über einen unterschiedlichen Kenntnisstand. Man unterscheidet:
  - **Hidden Characteristics**: Tauschpartner verfügen über unterschiedliche Informationen bezüglich des zu tauschenden Gutes, dies fördert den Vorgang der negativen Auslese (z. B. Gebrauchtwagenmarkt).
  - **Hidden Action**: Das Verhalten des Partners nach Vertragsabschluss ist unbekannt (z. B. Versicherungsnehmer oder neuer Arbeitnehmer).
  - **Hidden Intentions**: Unkenntnis über versteckte Absichten bei Vertragsabschluss (z. B. Mietnomaden).

## Die Rolle des Verbrauchers am Markt: Leitbilder und Konzeptionen der Verbraucherpolitik

- Das Modell der **Konsumentensouveränität**:
  - Das Modell beruht auf dem klassischen Wirtschaftsliberalismus (Adam Smith → S. 23).
  - Es geht von folgendem **Menschenbild** aus: Konsument = homo oeconomicus, d.h. er ist autonom, umfassend informiert, handelt rational und verfügt über Wahlmöglichkeiten.
  - Die Konsumenten steuern mit ihrem Verhalten das Angebot auf dem Markt, indem sie Produzenten Kaufkraft entziehen oder zuführen.
  - Die Voraussetzung für den Schutz der Konsumenten (**Verbraucherschutz**) ist ein funktionierender Wettbewerb.

- **Kritik am Modell**:
  - Problematik der **Informationsasymmetrie**: Die Angebotsseite verfügt über einen Informations- und Know-how-Vorsprung. Konsumenten können sich aufgrund zeitlicher und finanzieller Restriktionen nicht umfassend informieren (**Informationsdefizit**).

- Das Modell der **Konsumentenfreiheit**:
  - Das Modell geht von folgendem **Menschenbild** aus: Der Konsument ist **mündig**, verfügt über Wahlmöglichkeiten, kennt seine Bedürfnisse und kann diese sowie Angebote kritisch reflektieren und bewerten.
  - Er unterliegt jedoch **Restriktionen**, da er nur ein begrenztes Einkommen zur Bedürfnisbefriedigung und nur begrenzt Zeit zur Informationsgewinnung hat. Folglich kann er das **Informationsdefizit** nicht beheben.
  - Der Verbraucherschutz muss dafür sorgen, dass die **Freiheit der Konsumenten** nicht eingeschränkt wird. Der Konsument soll zudem z.B. durch Verbraucherinformationen in die Lage versetzt werden, mit seiner Wahl seine Bedürfnisse bestmöglich zu befriedigen.

## Verbraucherpolitik in Deutschland

- Die Verbraucherpolitik in Deutschland verfolgt das **Ziel**, das **Informations- und Machtungleichgewicht** zwischen **Anbietern und Konsumenten** durch einen **Eingriff in den Markt zu verringern**. Es gilt die Devise: „So viel wie nötig, so wenig wie möglich."

- Sie stützt sich dabei auf nationale und EU-weite Regelungen:
  - **Gesetz gegen Wettbewerbsbeschränkungen**: Schutz des freien Wettbewerbs durch z. B. das Verbot von Kartellen; Fusionskontrollen von Unternehmen mit marktbeherrschender Stellung; das Verbot der Preisbindung und des Missbrauchs der Marktmacht. Die **Träger** der Wettbewerbspolitik sind das Bundeskartellamt, die Landeskartellbehörden, die Monopolkommission.
  - **Verbraucherinformationen**: Bereitstellung unabhängiger Informationen (z. B. über Eigenschaften, Herstellung, Umweltverträglichkeit) durch z. B. behördliche Publikationen, Beratungsstellen und Aufklärungskampagnen.
  - **Förderung von Verbraucherorganisationen**: Einrichtung und Unterhaltung von Verbraucherzentralen in allen Bundesländern (Finanzierung über die Länder).
  - **Finanzielle und ideelle staatliche Unterstützung von Vereinigungen für speziellere Anliegen**, z. B. Deutsche Mieterbund e.V., Verkehrsclub Deutschland e.V., Verbände wie das Diakonische Werk oder der Deutsche Caritasverband.
  - **Verbraucherschutz**, d. h. rechtliche Regelungen zum Schutz der Verbraucher, z. B. die Lebensmittelkennzeichnungspflicht, das Arzneimittelgesetz, das Produkthaftungsrecht sowie allgemeine Geschäftsbedingungen.
  - **Spannungsverhältnis** möglich **zwischen dem Verbraucherschutz und der Vertragsfreiheit** (Art. 2 Abs. 1 GG; allgemeine Handlungsfreiheit; Zivilrecht: allgemeine Privatautonomie: Recht, eigenverantwortlich rechtsverbindliche Regelungen zu treffen; Voraussetzung für die Marktwirtschaft).
  - **Gesetz gegen den unlauteren Wettbewerb** (UWG, 2008): EU-Richtlinien, die im Zuge der Harmonisierung des EU-Rechts in nationales Recht übernommen wurden.

## Unternehmen und Unternehmensziele

- **Definition Unternehmen**: Unternehmen sind planvoll organisierte, selbstständige Wirtschaftseinheiten, die Waren produzieren bzw. Dienstleistungen erbringen und sich in privatem oder staatlichem Besitz befinden.

- Abgrenzung zum Begriff „Betrieb": Ein Betrieb ist eine selbstständige, organisatorische, örtlich gebundene Einheit, in der die Ware eines Unternehmens produziert wird.

- **Unternehmen** sind die kleinste wirtschaftlich-juristische Einheit, die aus handels- und/oder steuerrechtlichen Gründen zur Buchführung und zum Jahresabschluss verpflichtet sind. Sie können aus einem oder mehreren Betrieben bestehen und sich mit mehreren Unternehmen zu einem **Konzern** zusammenschließen.

- Unternehmen orientieren sich am **erwerbswirtschaftlichen Prinzip** (Ziel: **Gewinnerzielung**), das zahlenmäßig erfasst wird:
  - Produktivität = $\frac{\text{Output}}{\text{Input}}$
  - Wirtschaftlichkeit = $\frac{\text{Erträge}}{\text{Aufwendungen}}$
  - Rentabilität = $\frac{\text{Gewinn}}{\text{Kapitalanfangsbestand}}$

- Weitere nicht-monetäre Ziele sind **psychografische Ziele** (z. B. Unternehmensimage), **soziale Ziele** (z. B. Zufriedenheit der Mitarbeiter), **ökologische Ziele** (z. B. Schonung von Ressourcen).

- Die Ziele können sich gegenseitig ergänzen (**komplementäre Ziele**), sich gegenseitig behindern (**konkurrierende Ziele**) oder verhalten sich zueinander neutral (**indifferente Ziele**).

- Aufgaben, die zur Aufrechterhaltung eines Unternehmens erfüllt werden müssen, heißen **betriebswirtschaftliche Grundfunktionen**. Dazu gehören die Beschaffung von Produktionsfaktoren, die Produktion/Leistungserstellung, der Absatz, die Finanzierung und Leitung.

## Grundlegende Aufgaben von Unternehmen

- Zur Erbringung von Gütern sind unterschiedliche **Funktionsbereiche** innerhalb der betrieblichen Organisation notwendig. Diese lassen sich unterteilen in **Grundfunktionen** (befassen sich mit Teilbereichen des betrieblichen Leistungsprozesses) und **Querschnittsfunktionen** (beziehen sich auf den ganzen Betrieb).

- **Grundfunktionen**:
  - **Forschung und Entwicklung** bedeutet **Grundlagenforschung** (Gewinnung wissenschaftlicher Kenntnisse) und **angewandte Forschung** (konkrete Anwendungsmöglichkeiten).
  - **Beschaffung** bedeutet die Bereitstellung der für den Leistungsprozess notwendigen Produktionsfaktoren, z.B. Roh-, Hilfs- und Betriebsstoffe, Dienstleistungen (Einkauf), Rechte/Lizenzen. Ziel: Das benötigte Material in der geforderten Art und Qualität möglichst kostengünstig zur richtigen Zeit am richtigen Ort zu haben (→ S. 84).
  - **Produktion** bedeutet das Erzeugen von Sachgütern/das Erbringen von Dienstleistungen. Ziel: Die Produktionsfaktoren möglichst effizient zu kombinieren und Güter in gewünschter Menge und Qualität zu erzeugen.
  - **Absatz**: Dieser Bereich beginnt mit der Analyse der Absatzchancen zur Festlegung von Zielen, der Auswahl der absatzpolitischen Instrumente, der Durchführung der absatzwirtschaftlichen Maßnahmen und der abschließenden Kontrolle.

- **Querschnittsfunktionen**:
  - **Personalwirtschaft** umfasst alle mitarbeiterbezogenen Angelegenheiten, die für den Leistungsprozess nötig sind.
  - **Finanzierung** beinhaltet die Bereitstellung der notwendigen finanziellen Mittel. Unterschieden wird zwischen **internem Rechnungswesen** (Controlling: Überprüfung, ob mit den eingesetzten Mitteln die Unternehmensziele erreicht werden) und **externem Rechnungswesen** (Abbildung der Vermögens- und Ertragslage des Unternehmens nach außen).
  - **Investitionen** bedeuten die Umwandlung der finanziellen Mittel in Sach-, Finanz- oder immaterielle Investitionen.

## Unternehmer, Existenzgründer, Entrepreneur?

- **Der Unternehmer ...**
  - ist eine Bezeichnung für jeden, der ein Unternehmen „besitzt", „führt" oder „gründet".
  - hat den Gründungsprozess bereits abgeschlossen.
  - setzt in Abgrenzung zum Entrepreneur eine Geschäftsidee um, die bereits besteht, und erschafft damit nichts gänzlich Neues.

- **Der Existenzgründer ...**
  - befindet sich in einer frühen Phase des Gründungsprozesses (z.B. Entwicklung des Geschäftsmodells).
  - setzt ein bereits bestehendes Konzept auf einem bereits bekannten Markt um (z.B. Neueröffnung einer Tankstelle).
  - kann auch als Entrepreneur bezeichnet werden, wenn er eine Innovation auf den Markt bringt.

- **Der Entrepreneur ...**
  - erkennt mithilfe von Intuition und Kreativität Innovationen und Marktchancen, die andere nicht sehen.
  - möchte neue Dinge erschließen, Visionen umsetzen und dabei gewohnte Bahnen (wie Abläufe, Dienstleistungen, Kombinationen von Ressourcen ...) verlassen.
  - zerstört oder entwertet dabei oftmals etwas bereits Existierendes (Disruption), z.B. die Innovation der digitalen Fotografie zerstörte den Markt für analoge Kameras.
  - geht bei der Unternehmensgründung ein hohes Risiko ein und ist insbesondere am Wachstum seines Unternehmens interessiert.
  - beschleunigt durch seine Eigenschaften und sein Handeln in der Gründungsphase seines Unternehmens den ökonomischen Wandel.

- Eigenschaften von Unternehmern: Leistungsorientierung, Innovationsfreudigkeit, Neugierde, Risikobereitschaft, emotionale Stabiltät.

## Unternehmensgründung – pro und kontra

- **Für die Gründung eines Unternehmens spricht:**
  - der Wunsch nach Flexibilität, Unabhängigkeit, Selbstverwirklichung und Selbstbestimmung;
  - die Verwirklichung der eigenen Ideen und die Entfaltung der eigenen Kreativität;
  - der Wunsch nach der Verbesserung vorhandener Produkte;
  - die Aussicht auf ein höheres Einkommen;
  - die Zunahme des gesellschaftlichen Ansehens.

- **Die Bedeutung für Wirtschaft und Gesellschaft zeigt sich in ...**
  - der Entlastung des Arbeitsmarktes;
  - der Tatsache, dass Gründungen als Motor des Strukturwandels gelten;
  - in der Förderung von Fortschritt, Wachstum, Wettbewerbsfähigkeit durch die Verwirklichung von Ideen;
  - einem Beitrag zur Stabilität der Gesellschaft, da die wirtschaftliche Mitverantwortung auf mehrere Schultern verteilt wird → Verhindern einer Machtkonzentration.

- **Gegen die Gründung eines Unternehmens spricht:**
  - fehlendes Startkapital und Fachwissen;
  - das Risiko des Scheiterns (verbunden mit einem gesellschaftlichen Stigma);
  - die allgemeine wirtschaftliche Lage bzw. das Fehlen eines Marktes für das Produkt bzw. die Dienstleistung;
  - der hohe Arbeitsaufwand und die Verantwortung;
  - das Fehlen eines sicheren Festgehaltes;
  - die fehlende Unterstützung durch den Staat oder das private Umfeld;
  - persönliche Merkmale: fehlende Risikobereitschaft, geringe Stresstoleranz, mangelnde Kreativität, fehlende Beharrlichkeit und Motivation.

## Businessplan

- **Definition Businessplan**: Der Businessplan ist ein schriftliches Dokument zur detaillierten und strukturierten Überprüfung einer Existenzgründung oder eines neuen unternehmerischen Vorhabens. Er gibt Auskunft über **Erfolgschancen**, **Risiken** und **Ressourcenbedarf** und prognostiziert die wirtschaftliche Entwicklung.

- Er richtet sich meist an **potenzielle Geldgeber** und **Entscheidungsträger**, kann aber z.B. auch für **Banken** oder **involvierte Dritte** (z.B. Behörden, Geschäftspartner) von Interesse sein.

- Eine beispielhafte Gliederung eines Businessplans:
  - **Geschäftsidee**: Was ist das Neue/Besondere der Geschäftsidee? Was ist der Nutzen für den Kunden? Wie weit ist das Produkt/die Dienstleistung entwickelt? Wie hoch sind die Kosten des Produktes und der Verkaufspreis?
  - **Gründer**: Team oder Einzelperson? Qualifikationen? Erfahrung? Markt-/Branchenkenntnisse? Stärken und Schwächen?
  - **Marketing und Vertrieb**: Marketing- (→ S. 63) und Vertriebskonzeption? Wer ist die Zielgruppe und wie kann diese erschlossen werden?
  - **Unternehmensform**: In welcher Rechtsform soll das Unternehmen gegründet werden? Woher kommt, wenn nötig, das geforderte Stammkapital?
  - **Marktübersicht/Branchenanalyse**: Welche weiteren Wettbewerber gibt es und wie unterscheidet sich deren Produkt? An welche Kunden richtet sich das Produkt? (Kundenkreis)
  - **Finanzierung**: Welche Investitionen sind notwendig? Wie werden diese finanziert? (Finanzierungs-, Investitions- und Liquiditätsplan) Mit welchem Umsatz und Gewinn wird gerechnet (Umsatz- und Rentabilitätsvorschau) und mit welchem Unternehmerlohn?
  - **Chancen und Risiken**: SWOT-Analyse → S. 56; Risikobewertung, Best Case, Worst Case.

## Schöpferische Zerstörung und Innovation

- Die Theorie der „schöpferischen Zerstörung" geht auf Joseph Alois Schumpeter zurück.

- Schumpeter nimmt an, dass die wirtschaftliche Entwicklung durch innovative Unternehmer in Gang gebracht wird, indem diese **alte Faktorenkombinationen neu kombinieren** (= Innovation).

- Unternehmer werden dadurch zum Treiber der wirtschaftlichen Entwicklung.

- **Definition Innovation**
  - Abgeleitet vom lateinischen Wort „innovatio" = Erneuerung bzw. Neueinführung.
  - Unter Innovation wird demnach die zielgerichtete Durchsetzung von **neuen technischen, wirtschaftlichen, organisatorischen und sozialen Problemlösungen** verstanden, die darauf gerichtet sind, die **Unternehmensziele auf eine neuartige Weise zu erreichen**.

- Von den Innovationen wird der Begriff **Invention** (lat. „inventio" = Erfindung) abgegrenzt. In der Betriebswirtschaft ist damit eine Alternativbezeichnung für den Begriff Erfindung gemeint, also z. B. ein neuer Gegenstand oder eine neue Idee.

- Weiter wird die Innovation von der **Disruption** unterschieden (engl. „to disrupt" = unterbrechen).
  - Bei der **Innovation** handelt es sich um eine **Neuerung**, die den Markt nicht grundlegend verändert, sondern lediglich weiterentwickelt.
  - **Disruptionen** sind Innovationen, die bestehende Technologien, Produkte oder Dienstleistungen vom Markt verdrängen. Beispiele für Disruptionen: Die DVD hat die VHS-Kassette, die Digitalkamera die analoge Kamera, das Smartphone das Tastenhandy verdrängt.

## Basisinnovationen

- **Definition Basisinnovation**: Innovationen, die **technisches Neuland** erschließen und in deren Folge zahlreiche **Nachfolgeinnovationen** mit **weitreichenden wirtschaftlichen und gesellschaftlichen Konsequenzen** folgen. Sie bestimmen dadurch die Richtung und die Geschwindigkeit des Innovationsprozesses und lösen einen **Strukturwandel in Wirtschaft und Gesellschaft** aus.

- Die Einordnung von Basisinnovationen geht auf **Joseph Alois Schumpeter** zurück, der sich auf die Entdeckungen von Nikolai D. Kondratjew stützt:
  - Konjunkturelle Entwicklungen in der kapitalistischen Wirtschaft sind durch **kurze und mittlere Zyklen** und durch **lange Schwankungen** von 40–60 Jahren gekennzeichnet („**Kondratjew-Zyklen**", Schreibweise auch Kondratieff).
  - Am Beginn jedes langfristigen Zyklus steht eine neue, umwälzende Technik, die tiefgreifende Veränderungen in der Wirtschaft und Gesellschaft bewirken (= Basisinnovationen).

- Kritik am Modell „Kondratjew-Zyklen":
  - Es liegen nur unzureichende empirische Befunde für die langen Wellen vor.
  - Das Modell erklärt zwar die Ursachen eines Aufschwungs, die Ursachen des Abschwungs und die zyklischen Schwankungen werden jedoch nicht ausreichend erklärt.

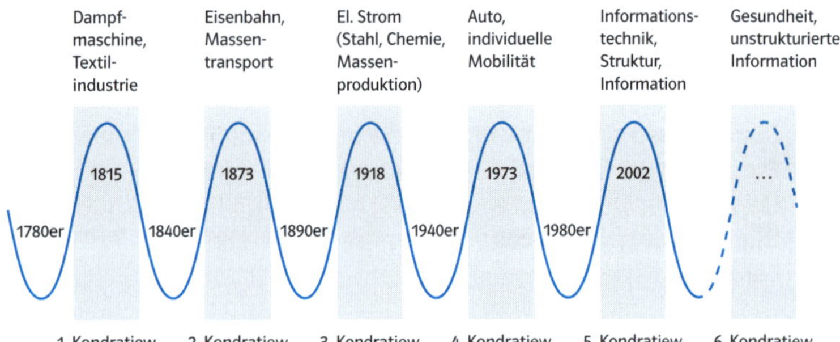

## Die Wahl der Rechtsform (Überblick)

- Die Wahl der Rechtsform gilt als **konstitutive** (grundlegende) und **längerfristig wirksame** unternehmerische Entscheidung, die den Rahmen des Unternehmens festlegt.

- Der Unternehmer ist bei der Wahl frei, muss jedoch Bedingungen erfüllen, wie das Aufbringen von Mindestkapital.

- Zu den wichtigsten Kriterien für die Wahl der Rechtsform gehören:
  - **Gründungsformalitäten**: Variabler Aufwand je nach geforderten Regelungen (Eintragung, Anmeldungen, Verträge ...).
  - **Finanzierung/Kapitalaufbringung**: Je nach Rechtsform ist die Möglichkeit, neues Eigen- oder Fremdkapital aufzunehmen, eingeschränkt.
  - **Haftung**: **Unbeschränkt** = die Haftung umfasst neben dem Betriebs- auch das Privatvermögen. **Beschränkt** = die Haftung beschränkt sich nur auf das Betriebsvermögen.
  - **Kosten und Besteuerung**: Unterschied zwischen einmaligen Kosten, die bei der Gründung anfallen, und laufenden Kosten, die je nach Rechtsform unterschiedlich sind.
  - **Geschäftsführung** (Organisationsgewalt): Mit unterschiedlichen Rechten/Pflichten der Geschäftsführung bzw. der Gesellschafter.
  - **Verteilung von Gewinn und Verlust**: Diese ist abhängig von der Haftung des Gesellschafters.
  - Mitbestimmung im Unternehmen: Aufsichtsrat und Betriebsrat in Unternehmen ab fünf Mitgliedern.

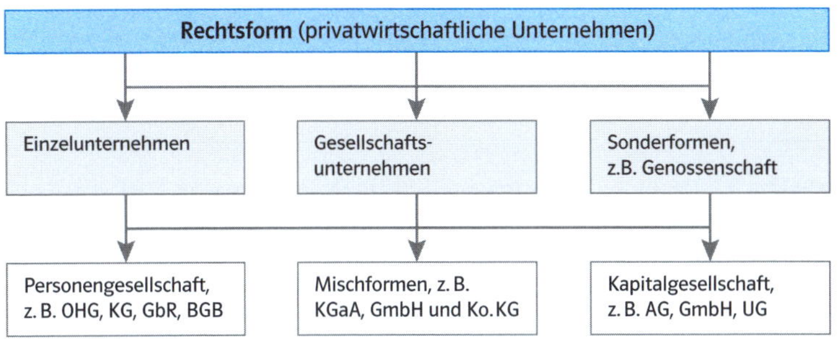

## Gesellschaft mit beschränkter Haftung (GmbH)

- **Definition GmbH**: Die GmbH ist eine **Kapitalgesellschaft**, bei der die Gesellschafter gegenüber den Gesellschaftsgläubigern nur bis zur Höhe ihrer Einlage haften.

- **Merkmale von Kapitalgesellschaften**: Juristische Personen (d.h. rechtsfähige und damit selbstständige Träger von Rechten und Pflichten); Begrenzung der Gesellschafterhaftung auf die Höhe der Kapitaleinlage, d.h. Gläubiger greifen auf die juristische Person der Kapitalgesellschaft und nicht auf die Gesellschafter zu.

- **Gründung**: Mindestens ein Gesellschafter; ein notariell bekundeter Gesellschaftsvertrag ist erforderlich sowie eine Eintragung ins Handelsregister; Mindeststammkapital von 25 000 π, Sacheinlagen sind möglich; Mindesteinlage pro Gesellschafter: 100 π; die GmbH eignet sich für kleinere und mittlere Unternehmen.

- **Name**: Die Firma muss den Zusatz „GmbH“ tragen.

- **Organe**:
  - **Geschäftsführung**: Sie wird von der Gesellschafterversammlung ernannt, ist gesetzlicher Vertreter der Gesellschaft und verantwortlich für die Leitung der Geschäfte.
  - **Gesellschafterversammlung**: Ist oberstes Organ, Mitglieder: alle Anteilseigner; Aufgabe: u.a. Feststellung des Jahresabschlusses und Entscheidung über dessen Verwendung.
  - **Aufsichtsrat**: Er überwacht die Geschäftsführung; ein Aufsichtsrat ist erst bei Gesellschaften mit mehr als 500 Mitarbeitern erforderlich.

## Aktiengesellschaft (AG)

- **Definition AG**: Die AG ist eine **Kapitalgesellschaft**, deren Grundkapital in Aktien zerlegt ist und bei der alle Aktionäre gegenüber den Gesellschaftsgläubigern mit ihren Einlagen, nicht aber mit ihrem Privatvermögen haften.

- **Merkmale**: Das Aktiengesetz (AktG) ist die Rechtsgrundlage; die AG ist die typische Rechtsform für Großunternehmen mit großem Kapitalbedarf (Deckung über den Kapitalmarkt).

- **Name**: Die Firma muss den Zusatz „Aktiengesellschaft" bzw. „AG" tragen.

- **Gründung**: Der Gesellschaftsvertrag muss notariell beurkundet sein. Die AG entsteht mit Eintrag ins Handelsregister, Voraussetzung: mindestens ein Gründer und Grundkapital von 50 000 π = Haftungskapital. Das AktG schreibt vor, welche Inhalte die Satzung haben muss, z. B. Name, Gegenstand der Gesellschaft, Sitz, Art der Aktien, Höhe des Grundkapitals.

- **Organe**: Vorstand, Aufsichtsrat, Hauptversammlung (Aktionäre)

- **Hauptversammlung (HV)**:
  - **Rechte eines Aktionärs**: Teilnahme, Stimmrecht, Auskunftsrecht, Recht auf Anteil am Liquidationserlös bei Auflösung; Bezugsrecht für neue Aktien (Wahrung des Anteils am Grundkapital bei Kapitalerhöhungen), Anspruch auf Auszahlung einer Dividende;
  - **Funktionen**: u. a. Wahl des Aufsichtsrates; Beschlüsse über die Verwendung des Bilanzgewinns.

- **Risiken**: Verzinsung: Die Dividende kann z. B. nicht ausgeschüttet werden. Kurs: Wert kann niedriger sein als der bezahlte Ausgabepreis. Ausfall: Bei Insolvenz vollständiger Kapitalverlust oder geringerer Erlös als Ausgabepreis.

## Offene Handelsgesellschaft (OHG)

- **Definition OHG**: Die OHG ist eine **Personengesellschaft** mit mindestens zwei Gesellschaftern mit dem Zweck des Betriebes eines Handelsgewerbes unter einer gemeinschaftlichen Firma.
- **Merkmale von Personengesellschaften**: Gesellschafter sind natürliche Personen; sie besitzen die uneingeschränkte Leitungsbefugnis und die volle Haftung; die Gesellschafterzahl ist geringer als bei den Kapitalgesellschaften, es besteht keine eigene Rechtsfähigkeit der Gesellschaft.
- Die OHG ist die typische Rechtsform für kleine und mittlere Unternehmen; die Rechtsgrundlage ist das Handelsgesetzbuch (HGB);
- **Name**: Die Firma muss die Bezeichnung „OHG" führen.
- **Gründung**: Formloser Vertrag; ein Handelsregistereintrag (Namen der Gesellschafter, Firma, Sitz, Gegenstand des Unternehmens) ist erforderlich.
- **Haftung**:
  - Die Gesellschafter sind gegenüber den Gesellschaftsgläubigern unbeschränkt haftend (Privat- und Geschäftsvermögen).
  - Die Haftung erfolgt solidarisch, d.h. jeder kann für die Begleichung der gesamten Schulden verantwortlich gemacht werden.
  - Neue Gesellschafter haften auch für die Altschulden der Gesellschaft.
- **Rechte der Gesellschafter**:
  - Jeder Gesellschafter ist zur Geschäftsführung berechtigt und kann die OHG nach außen präsentieren und Verträge unterzeichnen.
  - Jeder Gesellschafter erhält, wenn nicht anders festgelegt, 4 % Zinsen auf seinen Kapitalanteil; die restliche Verteilung des Gewinns erfolgt nach Köpfen.

## Kommanditgesellschaft (KG)

- **Definition KG**: Die KG ist eine **Personengesellschaft** mit dem Zweck des Betriebs eines Handelsgewerbes unter gemeinschaftlicher Firma, bei der mindestens ein Gesellschafter gegenüber den Gesellschaftsgläubigern unbeschränkt und mindestens einer nur mit seiner Einlage haftet.

- **Merkmale**: Die Rechtsgrundlage ist das HGB (Handelsgesetzbuch). Die Firma muss die Bezeichnung „KG" führen. Sie wird mit einem Vertrag geschlossen, der u.a. die Dauer, Kündigungsmöglichkeiten und Haftsumme des Kommanditisten beinhaltet. KGs werden in das Firmenbuch eingetragen und sind weder einkommens- noch körperschaftspflichtig.

- **Gründung**: Es werden zwei Arten von Gesellschaftern benötigt:
  - **Kommanditist**: Mindestens eine Privatperson oder juristische Person ist notwendig, die mit ihrem Vermögen eine Einlage leistet und nur bis zur Höhe der Einlage, nicht aber mit ihrem Privatvermögen, haftet.
  - **Komplementär**: Ein oder mehrere Komplementäre sind notwendig, die uneingeschränkt gegenüber den Gläubigern mit ihrem gesamten Vermögen haften.
  - **Name**: Er kann eine Person, Sach-, Misch- oder Fantasiebezeichnung sein, der Zusatz „KG" oder „Kommanditgesellschaft" ist erforderlich.

- Rechte/Pflichten innerhalb der Kommanditgesellschaft:
  - **Komplementär**: Er hat aufgrund des höheren Risikos das alleinige Recht, das Unternehmen zu führen, und vertritt es nach außen. In seinen Aufgabenbereich fällt die Bilanzierung.
  - **Kommanditist**: Es besteht für den Kommanditisten keine Pflicht zur Mitarbeit. Er ist von der Entscheidungs- und Kontrollebene ausgeschlossen, kann jedoch zu einem Handlungsbevollmächtigten ernannt werden. Des Weiteren hat er bei der Bilanzierung ein Kontrollrecht. Durch die Aufnahme weiterer Kommanditisten kann das Eigenkapital der KG erhöht werden.

## Standortwahl und Standortanalyse

- **Definition Standortfaktoren**: Unter Standortfaktoren versteht man die Gesamtheit aller Faktoren, die für Unternehmen bei der Wahl des Standortes von Bedeutung sind. Sie lassen sich in **weiche** (nur schwer messbare) und **harte** (messbare) Faktoren unterteilen.

- Für die Auswahl des Produktions- bzw. Investitionsstandorts werden unterschiedliche Standortfaktoren berücksichtigt, die, je nach Geschäftsvorhaben, eher an der **Beschaffungs-**, der **Produktions-** oder der **Absatzseite** orientiert sind.

| Beschaffungsseite | Produktionsseite | Absatzseite |
|---|---|---|
| – Personal<br>– Produktionsmaterial<br>– Kapital (Zugang zu öffentlichen Mitteln)<br>– Informationen (wissenschaftliche Einrichtungen, Netzwerke …) | – Geschäftsräume (Qualität, Ausstattung …)<br>– staatliche Abgaben (Steuern, Gebühren)<br>– behördliche Auflagen (Umweltauflagen, Flächennutzungspläne …) | – Absatzpotenzial (Marktwachstum, Kundenstruktur …)<br>– Absatzinfrastruktur (Einzelhandel, Parkmöglichkeiten …) |

- Standortanalyse mit dem **Punktbewertungsmodell (Nutzwertanalyse)**
  - Die **Nutzwertanalyse** ist eine Planungsmethode, um Entscheidungen systematisch vorzubereiten, wenn z. B. eine monetäre Bewertung der Alternativen nicht möglich oder unzureichend ist, die Alternativen vergleichbar sind oder zahlreiche Aspekte mitberücksichtigt werden müssen.

| | | Standort A | | Standort B | |
|---|---|---|---|---|---|
| **Standortfaktoren** | Gewichtung | Bewertung (1–5) | Punkte | Bewertung (1–5) | Punkte |
| Mitarbeiterpotenzial | 4 | 3 (3·4) | 12 | 4 (4·4) | 16 |
| Lohnkosten | 3 | 2 (2·3) | 6 | 4 (4·3) | 12 |
| Lieferantennähe | 2 | 2 (2·2) | 4 | 1 (1·2) | 2 |
| Summe | | | 22 | | 30 |

In diesem Beispiel sollte Standort B bevorzugt werden, da er insgesamt mehr Punkte als Standort A erhalten hat.

## Produktions- bzw. Fertigungsverfahren

- **Definition Produktions- bzw. Fertigungsverfahren**: Unter Produktions- bzw. Fertigungsverfahren wird die in der Produktion eingesetzte Technologie verstanden, die die Produktionsfaktoren in Güter und Eigenleistungen sowie deren Vorstufen umwandelt.

- Die Technologien lassen sich in die industriellen Produktionsverfahren **(Teile-)Fertigung** und **Montage** unterteilen.
  - (Teile-)Fertigung: Hauptgruppen sind Urformen (Gießen …), Umformen (Stauchen), Trennen (Fräsen, Drehen); Beschichten, Stoffeigenschaften ändern (Härten).
  - Montage: Fügen (Schrauben, Kleben …).

- Des Weiteren wird zwischen **ablauf- und mengenbezogenen** Fertigungsverfahren unterschieden.

- **Ablaufbezogene Fertigungsverfahren** (Festlegung des Organisationstyps der Produktion): **Werkstattfertigung** (Fertigung an einzelnen Arbeitsplätzen in einer Werkstatt), **Fließfertigung** (ordnet, im Gegensatz zur Werkstattfertigung, Arbeitsplatz und Betriebsmittel zeitlichen Abläufen zu), **Gruppenfertigung** (Kombination aus Werk- und Fließfertigung), **Baustellenfertigung** (Herstellung des Werkstückes vor Ort, z.B. auf der Baustelle).

- **Mengenbezogene Fertigungsverfahren** (Festlegung des Prozesstyps der Produktion):
  - **Einzelfertigung**: Die Auflagengröße beträgt eins. Nach jeder Einzelproduktion werden die Betriebsmittel für die nächste Produktion umgerüstet. Sie eignet sich für nicht standardisierte Anfertigungen (Kundenaufträge) wie z.B. Gebäude.
  - **Serienfertigung**: Mehrfachproduktion, bei der die Auflagengröße vor Produktionsbeginn feststeht. Die Produktion erfolgt standardisiert mit kundenspezifischen Merkmalen.
  - **Massenfertigung**: Mehrfachproduktion, bei der vor Produktionsbeginn keine Auflagengröße festgelegt wird; standardisierte Produktion, ohne auf Kundenwünsche einzugehen (z.B. Schrauben).

## Marktanalyse

- Eine Marktanalyse ist **Teil** eines **Businessplans** (→ S. 44) und untersucht den Markt für das Produkt oder die Branche zu einem bestimmten Zeitpunkt.

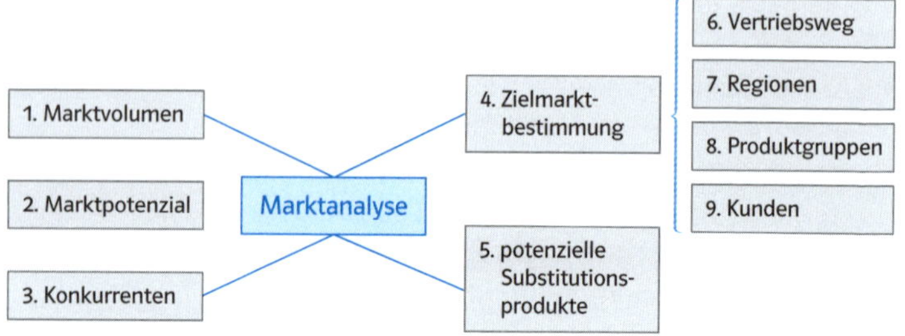


- Erläuterungen zur Marktanalyse:
  - **Marktvolumen**: Wie groß ist der tatsächliche Absatz (z.B. in Stück, Liter, Tonnen … in einem bestimmten Zeitraum)?
  - **Marktpotenzial**: Welche Anzahl an verkauften Produkten ist theoretisch möglich bzw. welche Anzahl an Kunden kommt für ein Produkt theoretisch in Frage?
  - **Konkurrenten**: Welche weiteren Anbieter sind auf dem Markt tätig? Welche Marktanteile besitzen sie? Wer ist Marktführer? Wer ist Nischenanbieter?
  - **Zielmarktbestimmung**: In welche homogenen (also einheitlichen) Teilmärkte lässt sich der Markt unterteilen?
  - **Potenzielle Substitutionsgüter**: Welche vorhandenen Produkte stillen beim Kunden die gleichen bzw. ähnlichen Bedürfnisse wie das entsprechende Produkt?
  - **Vertriebsweg**: Wie gelangt das Produkt zum Kunden?
  - **Region**: Wo soll das Produkt angeboten werden?
  - **Produktgruppe**: Welche Merkmale hat das Produkt? Wodurch grenzt es sich von anderen ab?
  - **Kunden**: An welchen Personenkreis richtet sich das Produkt? Was sind ihre Anforderungen an das Produkt? Wie sieht die Preisbereitschaft aus?

## Marktsegmentierung und Marktforschung

- **Definition Marktsegmentierung**: Marktsegmentierung bedeutet die Aufteilung eines heterogenen Gesamtabsatzmarktes in kleinere, homogene Teilmärkte. Sie ermöglicht dadurch eine differenzierte Marktbearbeitung und den gezielten Einsatz von Marketinginstrumenten.

- Die Segmentierung kann man nach folgenden Faktoren gliedern:
  - **Geografische** (räumliche) Faktoren,
  - **soziodemografische** Faktoren: sozioökonomisch = Beruf, Einkommen, Ausbildung; demografisch = Alter, Familienstand, Geschlecht,
  - **psychografische** Faktoren: persönliche Vorlieben z. B. Lebensstile,
  - **Kaufverhalten**: Markenbindung, Online oder stationärer Handel etc.

- **Definition Marktforschung**: Die Marktforschung ist ein Teilgebiet der Marketingforschung und bedeutet die **systematische Erforschung** eines bestimmten **Teilmarktes**. Dabei werden, unter Einbeziehung externer Informationsquellen, die Bedürfnisse aller Beteiligten erforscht.

- Die Marktforschung lässt sich in eine **Primär-** und eine **Sekundärforschung** unterteilen:
  - **Primärforschung (Field Research)**: Durch Erhebungen werden aktuell und passgenau neue Informationen gewonnen. Dabei kommen die folgenden Methoden zum Einsatz: Tests, Beobachtungen, Experimente, Interviews.
  - **Sekundärforschung (Desk Research)**: Bedeutet das Auswerten vorhandener Daten und ist einfach und schnell verfügbar. Dafür werden **externe** (Fachzeitschriften, wissenschaftliche Arbeiten, Statistiken) und **interne** (Kundenkorrespondenz, Verkaufsberichte) Informationsquellen hinzugezogen.

## SWOT-Analyse

- **Definition SWOT-Analyse**: SWOT steht für **S**trenghts (Stärken) – **W**eaknesses (Schwächen) – **O**pportunities (Chancen) – **T**hreats (Bedrohungen) und ist eine Methode der Unternehmens- und Strategieplanung. Die SWOT-Analyse lässt sich unterteilen in …
  - **eine interne Analyse (Unternehmensanalyse)**: Erhebung der Merkmale, die für das Unternehmen Stärken oder Schwächen sein können;
  - **eine externe Analyse (Markt- bzw. Umfeldanalyse)**: Erhebung der Merkmale, die für das Unternehmen Chancen oder Risiken sein können.

<table>
<tr><th colspan="2" rowspan="2">SWOT-Analyse</th><th colspan="2">Interne Analyse</th></tr>
<tr><th>eigene Stärken (Unternehmensanalyse)</th><th>eigene Schwächen (Unternehmensanalyse)</th></tr>
<tr><td rowspan="2">Externe Analyse</td><td>Chancen im Markt (Umweltanalyse)</td><td>Nutzung von neuen Chancen, die zu den Stärken des Unternehmens passen</td><td>Abbau eigener Schwächen, um Chancen zu nutzen</td></tr>
<tr><td>Risiken im Markt (Umweltanalyse)</td><td>Stärken einsetzen, um Gefahren abzuwehren</td><td>Verteidigung der eigenen Schwächen gegenüber Bedrohungen</td></tr>
</table>

- **Einsatzmöglichkeiten**: z. B. bei der Entwicklung einer Geschäftsstrategie oder eines Lösungsansatzes für eine bestimmte Aufgabe.

- **Vorteile**: Die SWOT-Analyse ist auch bei einer unzureichenden Datenbasis einsetzbar, unterstützt intuitive Entscheidungen und kann schnelle Ergebnisse liefern.

- **Grenzen**: Die Analyse ist anfällig für kognitive Verzerrungen (Falscheinschätzung der eigenen Leistungsfähigkeit). Bei zu vielen Informationen kann der Überblick verloren gehen. Für das Lösen technischer Probleme ist sie zudem nur bedingt einsetzbar und liefert außerdem keine Szenarien, sondern nur einen Ist-Zustand.

## Portfolioanalyse – Vier-Felder-Matrix nach der Boston Consulting Group (BCG)

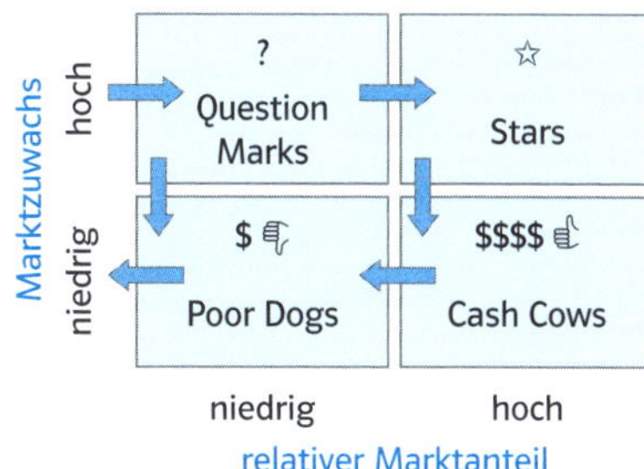


- Die Portfolioanalyse ist ein Instrument zur **Formulierung** von **Unternehmensstrategien** und der **Überprüfung** ihrer **Zweckmäßigkeit**.

- Es besteht ein enger Zusammenhang zwischen dem BCG-Portfolio und dem Produktlebenszyklus (→ S. 58), da Produkte idealtypisch alle Phasen durchlaufen, was jeweils einem Feld der Analyse entspricht.

- Aus dem Portfolio abgeleitete Strategien für Produkte:
  - **Question-Marks**: Produkte in der Produkteinführungsphase, die Marktetablierung ist noch unsicher → Strategie: **Wachstum** oder **Rückzug**;
  - **Stars**: hoher Gewinn, hohe Wachstumsrate → **Investition** zur Verbesserung oder dem Erhalt des relativen Marktanteils;
  - **Cash Cows**: hoher relativer Marktanteil, nur geringes Marktwachstum, meist reife Märkte → **Abschöpfung**;
  - **Poor Dogs**: niedriger relativer Marktanteil, niedriges Marktwachstum, keine Wachstumsperspektiven. Strategie: Rückzug, **Deinvestition**.

- **Vorteile**: Die Bewertung jeder Geschäftseinheit und das Ablesen einer Strategie ist möglich, wodurch Zielrichtungen erarbeitet werden können.

- **Nachteile**: Es handelt sich um eine vereinfachte Abbildung, die nicht alle wichtigen Faktoren berücksichtigt, z. B. Abhängigkeiten und Verbundeffekte. Es handelt sich zudem um eine Momentaufnahme, die keine sichere Prognose zulässt. Außerdem folgt nicht jedes Produkt dem typischen Produktlebenszyklus.

## Produktlebenszyklus

- Produkten eines Unternehmens wird ein **idealtypischer Verlauf** unterstellt, der sogenannte Produktlebenszyklus.

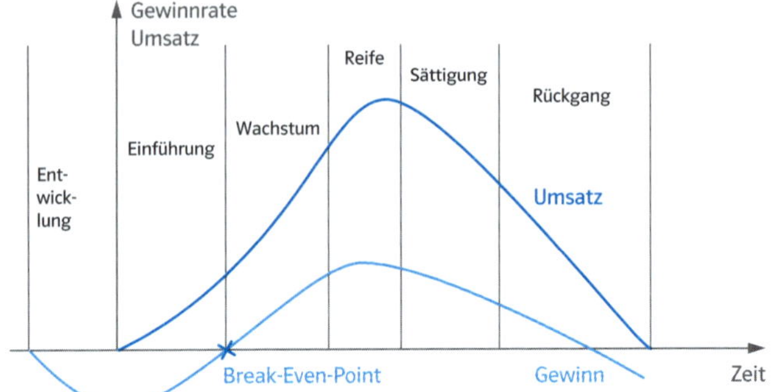


- Die Phasen des Produktlebenszyklus:
  - **Einführungsphase**: Geringe Umsätze, aber hohe Kosten im Bereich Produktion und Markterschließung; steigende Grenzumsätze, keine Gewinnerzielung.
  - **Wachstumsphase**: Steigender Umsatz; steigende Bekanntheit und schließlich Marktdurchbruch des Produktes = **Break-Even-Point**, d.h. es wird der Punkt erreicht, bei dem Gewinn erzielt wird. Erste Konkurrenzprodukte erscheinen, wodurch eine Produktdifferenzierung beim eigenen Produkt erforderlich wird.
  - **Reifephase**: Kampf um Marktanteile; Notwendigkeit erhöhter Marketing-Ausgaben, um die Marktposition zu verteidigen; langsameres Wachstum; Preissenkungen erforderlich, Gewinnrückgang.
  - **Sättigungsphase**: Härterer Kampf um Marktanteile; maximaler Umsatz, aber fortschreitender Gewinnrückgang.
  - **Rückgang**: Rückgang von Erträgen und Umsätzen; Vergleiche mit Konkurrenzprodukten gehen zulasten des eigenen Produktes; die Überalterung des Produktes wird deutlich; daher Überlegungen bezüglich eines Relaunches des Produktes (Veränderung des Produktes, Überlegungen bzgl. der Preisgestaltung, des Designs) und neuen Werbekampagnen; schließlich wird das Produkt vom Markt genommen.

## Finanzierung

- Sie verfolgt das Ziel, die Liquidität, Rentabilität und Unabhängigkeit des Unternehmens bei minimalem Risiko zu maximieren. Die Möglichkeiten der Kapitalbeschaffung lassen sich nach der **Herkunft der Mittel** (Innen-/Außenfinanzierung) sowie der **Rechtsstellung der Kapitalgeber** (Eigen-/Fremdfinanzierung) unterteilen.

- **Innenfinanzierung**: Benötigtes Kapital wird selbst erwirtschaftet.
  - **Offene Selbstfinanzierung**: In der Gewinn- und Verlustrechnung (GuV) ausgewiesener Gewinn wird zur Bildung von Rücklagen herangezogen.
  - **Stille Selbstfinanzierung**: Finanzierung durch das Einbehalten von in der GuV nicht ausgewiesenem Gewinn; sie erfolgt durch die Bildung **stiller Reserven**, d.h. einer Unterbewertung von Vermögenswerten oder Überbewertung von Verbindlichkeiten.
  - **Finanzierung aus Rückstellungen**: Finanzierung über Mittel, die für Rückstellungen vorgesehen sind. Diese werden bis zu ihrer Fälligkeit für die Finanzierung verwendet.
  - **Finanzierung aus Vermögensumschichtungen**, d.h. über den Verkauf von Vermögensgegenständen, z.B. Gebäuden.

- **Außenfinanzierung**: Benötigtes Kapital wird von außen zugeführt.
  - **Kreditfinanzierung**: Gebräuchliche Formen sind langfristige **Annuitätsdarlehen** oder kurzfristige **Kontokorrentkredite**.
  - **Beteiligungsfinanzierung**: Durch die Mittel der Unternehmenseigentümer wie Aktionäre und Teilhaber; Unterscheidung zwischen Public Equity (öffentliches Beteiligungskapital) und Private Equity (außerbörsliches Eigenkapital); Venture-Capital (Risikokapital bei Start-up-Unternehmen).

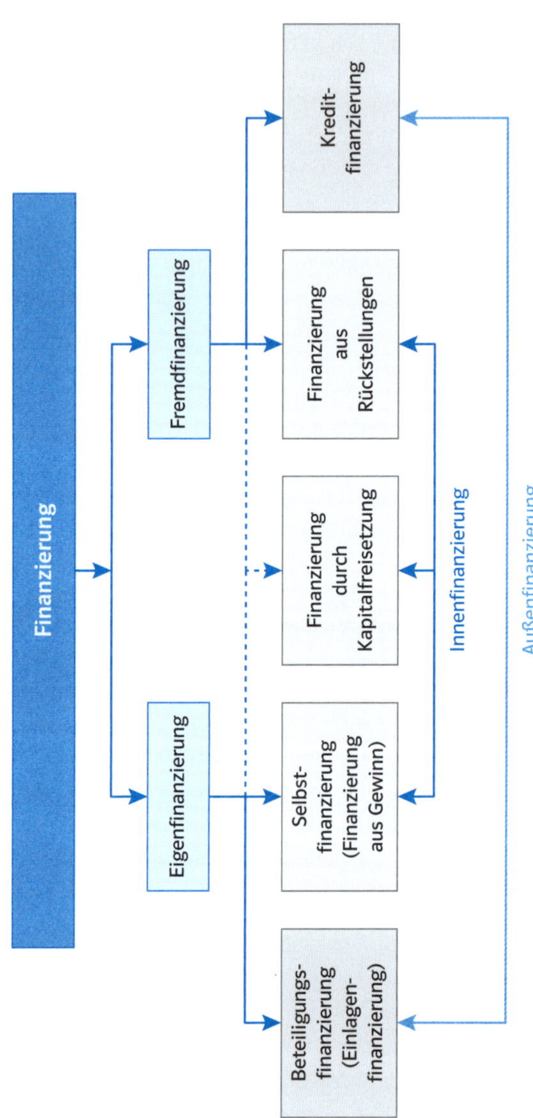
Finanzierung
Eigenfinanzierung
Fremdfinanzierung
Beteiligungs-
finanzierung
(Einlagen-
finanzierung)
Selbst-
finanzierung
(Finanzierung
aus Gewinn)
Finanzierung
durch
Kapitalfreisetzung
Finanzierung
aus
Rückstellungen
Kredit-
finanzierung
Innenfinanzierung
Außenfinanzierung

## Vorteile und Nachteile der Finanzierungsarten

- **Vorteile der Innenfinanzierung:**
  - Es entsteht keine Liquiditätsbelastung durch Tilgungen.
  - Die Mittel stehen zeitlich unbefristet zur Verfügung.
  - Es sind keine Sicherheiten notwendig und die Kreditwürdigkeit bleibt.
  - Eine höhere Eigenkapitalquote führt zu einer höheren Stabilität und Unabhängigkeit.
  - Außenstehenden muss keine Einsicht in die Unternehmensverhältnisse gewährt werden.

- **Nachteile der Innenfinanzierung:**
  - Finanzierungen z.B. über Abschreibungen sind durch die Gesetzgebung (z.B. Handelsgesetzbuch) eingeschränkt.
  - Sie ist nur möglich, wenn liquide Mittel vorhanden sind.
  - Die Selbstfinanzierung ist z.B. nicht sinnvoll, wenn das Kapital außerhalb zu höheren Renditen angelegt werden kann.

- **Vorteile der Außenfinanzierung:**
  - Sie ermöglicht zusätzlichen Spielraum für Wachstum.
  - Der Aufwand für Kreditfinanzierungen ist gering.
  - Bei AGs entsteht keine Änderung der Machtverhältnisse.
  - Erfolgt die Außenfinanzierung über langfristig bereitgestelltes Kapital, erhöht sich die Bonität des Unternehmens.

- **Nachteile bzw. Risiken der Außenfinanzierung:**
  - Zins-, Tilgungs- oder Dividendenzahlungen sind eine Belastung für die Liquidität des Unternehmens.
  - Bei **Eigenfinanzierung** kann es je nach Rechtsform zu einer Änderung der Stimm- und Machtverhältnisse kommen.
  - Bei **Fremdfinanzierung**: Einschränkung der Liquidität, Verschlechterung der Kreditwürdigkeit, Anstieg des Verschuldungsgrades; Abhängigkeit von Gläubigern, Risiko steigender Zinssätze.

## Investitionen

- **Definition Investitionen**: Verwendung von Kapital für eine Unternehmung, um damit zukünftige Erträge zu erwirtschaften, die im Idealfall die langfristige Kapitalanlage bei einer Bank übertreffen.

- **Arten von Investitionen** (**Betriebswirtschaftslehre**, **BWL**):
  - Investitionen können in Sachgüter (z.B. Maschinen), **Finanzanlagen** (z.B. Beteiligungen) oder in **immaterielle Güter** (z.B. Patente) getätigt werden.

- **Zweck der Investition** (**BWL**):
  - **Anfangsinvestitionen** in der Gründungsphase eines Unternehmens,
  - **Ersatzinvestitionen** für defekte oder verschlissene Anlagen, (z.B. Maschinen), zur Aufrechterhaltung der betrieblichen Leistungsfähigkeit,
  - **Modernisierungs-/Rationalisierungsinvestitionen** beispielsweise als Ersatz für veraltete, aber funktionierende Maschinen, z.B. zur Erhöhung der Produktivität,
  - **Erweiterungsinvestitionen** für den Erwerb von Produktionsmitteln zum Ausbau der Kapazität.

- Investitionen werden zudem nach ihrer **Funktion** unterteilt: **Forschungsinvestitionen** (z.B. neue Labors), **Fertigungsinvestitionen** (z.B. neue Maschinen), **Absatzinvestitionen** (z.B. Werbekampagnen).

- **Zweck der Investitionen** (**Volkswirtsschaftslehre**, **VWL**):
  - Ersatzinvestitionen und Neuinvestitionen (auch Nettoinvestitionen) bilden zusammen die Bruttoinvestitionen (= gesamte Investitionen einer Periode).
  - Eine erhöhte Investitionstätigkeit führt zu erhöhten Wachstumsraten der Konjunktur.

## Marketing

- **Definition Marketing**: Beinhaltet alle Maßnahmen, die Verkauf, Vertrieb und Verteilung von Gütern und Dienstleistungen fördern; Grundgedanke: konsequente Ausrichtung an Kundenwünschen.

- Marketing als Strategie der Unternehmensführung beinhaltet:
  - Anpassung des Produktprogramms an Kundenbedürfnisse.
  - **Market-Pull-Strategie**: Durch Werbemaßnahmen wird die Aufmerksamkeit der Konsumenten für ein neues Produkt oder eine neue Dienstleistung generiert und unbefriedigte Bedürfnisse geweckt. Die Konsumenten fragen dieses dann beim Verkäufer nach.
  - **Market-Push-Strategie**: Neue Produkte werden z. B. über Rabatt-Aktionen in die Lager der Großhändler „gepusht" und gelangen über ähnliche Rabatte über den Einzelverkäufer an die Konsumenten.

- **Definition Marketing-Instrumente**: Sie sind die Mittel und Maßnahmen, die zur Verfügung stehen, um auf den Markt einzuwirken.

- **Definition Marketing-Mix**: Dieser umfasst alle Marketing-Instrumente sowie Marketing-Aktivitäten mithilfe der Instrumente Produkt-, Kommunikations-, Distributions- und Preispolitik (**4 Ps**: **P**roduct, **P**rice, **P**lace, **P**romotion.

## Preispolitik

- Die **Preispolitik** als Teil des Marketing-Mix beschäftigt sich mit der Festlegung von Preisen für Produkte. Der Preis setzt sich aus den Komponenten „**Geldbetrag**" und „**definierte Leistung**" zusammen und wird daher immer im Verhältnis zur Leistung bewertet.

- Die Preispolitik ist ein Instrument der **Imagesteuerung**, die dem Käufer als **Qualitätsvermutung und Orientierungshilfe** dient (hoher Preis = vermutete hohe Qualität für den Kunden).

- Bei der Preisgestaltung orientiert sich der Verkäufer an folgenden Aspekten: die bei der Herstellung anfallenden eigenen **Kosten** (kostenorientierte Preisbestimmung), das **Verhalten und die Wahrnehmung der Konsumenten** (Kaufkraft, Zahlungsbereitschaft/nachfrageorientierte Preisbestimmung) sowie die **Struktur und das Verhalten der Konkurrenz** (konkurrenzorientierte Preisbestimmung), in einigen Bereichen auch **gesetzliche Regelungen**, z.B. Preisbindung im Buchmarkt.

- Zwei Strategien können bei der Preisgestaltung verfolgt werden:
  - **Preispositionierung/Festpreisstrategie**: Der für ein Produkt festgesetzte Preisbereich soll dauerhaft gehalten werden.
  - **Preisdifferenzierung** → S. 65

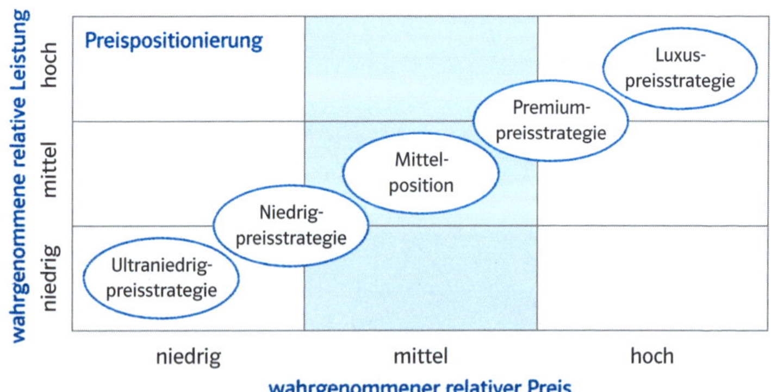

## Preisdifferenzierung

- **Definition Preisdifferenzierung**: Die Preisdifferenzierung ist eine Strategie der **dynamischen Preisgestaltung.** Unternehmen verlangen für die gleiche Ware/Dienstleistung bei gleichen Kosten einen unterschiedlichen Preis. Ziel: Gewinnpotenziale abschöpfen.

- Die Preisdifferenzierung kann direkt **über den Preis** oder über **unterschiedliche Konditionen** erfolgen. Folgende Formen der Preisdifferenzierung werden unterschieden:
  - **Räumlich**: Güter/Dienstleistungen werden auf regional abgegrenzten Märkten (z.B. Inland/Ausland, unterschiedlichen Standorten) zu unterschiedlichen Preisen angeboten (z.B. Preise in Supermärkten versus Preise an Flughäfen).
  - **Zeitlich**: Die Höhe des Preises richtet sich nach der zeitlichen Nachfrage und kann unterschiedlich sein je nach Tageszeit, Wochenzeit, Jahreszeit (z.B. Tag- und Nachtstrom).
  - **Personell**: Der Preis wird je nach Gruppenzugehörigkeit der Nachfrager erhoben (Rentner, Schüler, Stammkunden …).
  - **Qualitativ/sachlich**: Der Preis richtet sich nach dem Verwendungszweck (Heizöl versus Dieselkraftstoff).
  - **Quantitativ/mengenmäßig**: Der Preis richtet sich nach der Abnahmemenge.
  - **Preisbündelung**: Hierbei handelt es sich um eine Sonderform, bei der Produkte zu Paketen (Bundle) gebündelt werden, die zu einem Gesamtpreis zu erwerben sind, aber auch einzeln, dann jedoch zu einem höheren Preis.

- Bei einer **dynamischen Preisgestaltung** wird der Preis flexibel der Nachfrage angepasst.
  - **Skimming-Strategie**: In der Anfangsphase ist der Preis hoch und wird allmählich abgesenkt.
  - **Penetrationsstrategie**: Der Einführungspreis ist niedrig und wird dann rasch erhöht.

## Konditionenpolitik

- Die Konditionenpolitik ist wie die Preispolitik Teil des Marketing-Mix; beide werden zusammen auch als **Kontrahierungspolitik** bezeichnet.
  - **Konditionen** sind Gegenstand vertraglicher Regelungen zwischen Käufern und Verkäufern.
  - Konditionen haben neben dem Preis Einfluss auf eine Kaufentscheidung.
  - Die **Konditionenpolitik** dient als Mittel der preispolitischen Feinsteuerung und umfasst Maßnahmen zur Festlegung von allgemeinen Geschäftsbedingungen, Liefer- und Zahlungsbedingungen, Rabatten, Garantie- und Umtauschrechten.

- Konditionen:
  - **Garantiebedingungen**: z. B. Garantieverlängerungen,
  - **Rabattpolitik**: z. B. Mengen-, Sortiments-, Treue-, Zeit- oder Einführungsrabatte,
  - **Zahlungsbedingungen**: Zahlungsweise (z. B. Teilzahlungen, zahlbar innerhalb von 14 Tagen); Zahlungsziel (Lieferantenkredit); Skonti (Preisnachlässe bei Zahlung innerhalb einer bestimmten Frist),
  - **Lieferbedingungen**: z. B. Inbetriebnahme der Ware, Bezugskosten, kurze Lieferzeiten, Lieferung frei Haus, Garantie,
  - **Kreditpolitik**: z. B. Lieferantenkredit, Franchising, Factoring, Leasing.

- Konditionen kommen auch im Rahmen von **Produkteinführungen** zum Tragen und werden dann nach und nach den aktuellen Marktbedingungen angepasst (Sonderkonditionen).

- Konditionen haben **Auswirkungen auf Kaufentscheidungen**, indem sie z. B. das Kaufrisiko beim Kunden minimieren und die Kaufbereitschaft erhöhen (z. B. Konditionen wie Probenutzung von Produkten, Rückgaberechten). Insbesondere bei Marktneuheiten und der fehlenden Vergleichbarkeit ist die Schwelle zur Kaufbereitschaft hoch.

## Corporate Social Responsibility (CSR)

- **Definition CSR** (auch Corporate Citizenship oder Soziale Verantwortung): Anforderungen, Erwartungen und Wünsche der Gesellschaft bzw. der Stakeholder an das Unternehmen zu einem bestimmten Zeitpunkt, die sich auf **vier Verantwortungsbereiche** beziehen und nach **innen und außen** gerichtet sind.
  - **Ökonomische Verantwortung**: Das Unternehmen muss wirtschaftlich kostendeckend arbeiten und Gewinn erzielen.
  - **Gesetzliche Verantwortung**: Das Unternehmen befolgt gesetzliche Bestimmungen und vermeidet illegale Tätigkeiten.
  - **Ethische Verantwortung**: Das Unternehmen handelt fair und ethisch, auch über die bestehenden Gesetze hinaus (z. B. Fairness gegenüber Mitarbeitern, betriebliche Altersvorsorge, freiwillige soziale Leistungen …) mit dem Ziel, die Leistungsfähigkeit, Motivation und Zufriedenheit der Mitarbeiter zu erhöhen und die Identifikation mit dem Unternehmen zu steigern.
  - **Philanthropische Verantwortung**: Diese beinhaltet karikatives, gesellschaftliches Engagement (z. B. Unterstützungsmaßnahmen für Bildungseinrichtungen, Spenden …) mit dem Ziel, das Unternehmen nach außen zu repräsentieren (Werbung) und das Image zu pflegen.

- Im Zentrum der CSR steht die Frage, welchen spezifischen Beitrag ein Unternehmen zum nachhaltigen Wirtschaften leisten kann.

- CSR ist eine Leitidee und muss **unternehmensspezifisch konkretisiert** werden. Sie ist angelehnt an **internationale Referenzdokumente** (z. B. ILO-Grundsatzerklärung über Unternehmen und Sozialpolitik).

- Seit 2017 besteht für börsennotierte Unternehmen mit mehr als 500 Beschäftigten eine Berichtspflicht über nichtfinanzielle Aspekte der Unternehmenstätigkeit.

## Kritik an Corporate Social Responsibility (CSR)

- Da Unternehmen profitmaximierend wirtschaften, spielen ökologische, soziale und ethische Gesichtspunkte keine bzw. nur eine untergeordnete Rolle. Somit wird CSR nicht "um ihrer selbst willen" umgesetzt, sondern aus folgenden Gründen:
  - Zur **Verbesserung des eigenen Images** und dem damit einhergehenden höheren Gewinn (→ Greenwashing, S. 69).
  - Zur **Einsparung von Ressourcen**, denn Energie- und Ressourceneffizienz spart Kosten.
  - Zur **Verhinderung neuer Regulierungen bzw. Gesetze**: Da ökologisch und sozial nachhaltige Güter weltweit immer stärker nachgefragt werden und die Erwartungen an Unternehmen diesbezüglich steigen, ist es wahrscheinlich, dass in immer mehr Ländern Gesetze erlassen werden, die Unternehmen zu solch einem Handeln zwingen, was für diese im Endeffekt teurer wäre als die freiwilligen CSR-Aktivitäten.
  - Zur **Vermeidung von Folgekosten durch Unfälle und Pannen**: Führt nicht ökologisches und nicht soziales Handeln zu Unfällen und Pannen, dann sind die Folgekosten (z. B. für Ausfalltage von Angestellten) oftmals höher als die Kosten für CSR-Aktivitäten (für z. B. ein gut funktionierendes Arbeitssicherheits- und Gesundheitsmanagement).
  - Zur **Verbesserung des Risikomanagements**: Geraten Unternehmen ins Kreuzfeuer der Öffentlichkeit, kann dies nicht nur zu einem Absatzrückgang, sondern auch zu Entschädigungszahlungen und schlimmstenfalls zur Schließung des Unternehmens führen.
  - Um einen **Wettbewerbsvorteil** zu erreichen, der sich aus dem frühzeitigen Einstellen auf veränderte Rahmenbedingungen ergeben kann.

- Fraglich ist, wie CSR zu bewerten ist, wenn Unternehmen lediglich Standards einhalten bzw. wenn bei ihren Bemühungen nur der eigene Nutzen im Vordergrund steht.

## Greenwashing

- **Definition Greenwashing**: Greenwashing steht sinnbildlich für „Sichreinwaschen" und bezeichnet PR-Kampagnen, die versuchen, einem Unternehmen ein „grünes" Image zu geben, ohne dass dieses entsprechende Maßnahmen im Rahmen der Wertschöpfung ausführt.

- Greenwashing bezog sich anfangs nur auf die suggerierte Umweltfreundlichkeit eines Unternehmens, wird heute jedoch allgemein auf die vorgetäuschte Unternehmensverantwortung bezogen.

- Kennzeichen:
  - **Selektive Darstellung von Realität**: Fakten werden nicht im Gesamtkontext dargestellt; einzelne ökologische Modelle werden überbetont und die negativen Auswirkungen des regulären Kerngeschäfts verschwiegen.
  - **Verwendung von ökologischer Sprache**: Häufige Verwendung von Begriffen wie „Nachhaltigkeit" und „Umwelt",
  - **Verwendung einer „grünen", positiven Bildsprache**: Bilder von Natur, grünen Landschaften, Wasser …
  - **Betonung der eigenen Verantwortung**: Die Betonung der Rolle als Umweltschützer, der sich um Lösungen kümmert und sich seiner Verantwortung bewusst ist.
  - **Hervorheben technischer Lösungen** und Ausblenden der politischen und gesellschaftlichen Dimensionen von Konflikten.
  - **Ignorieren der realen politischen Debatten**: Ziel ist es, dem Kunden zu vermitteln, dass sich das Unternehmen aus eigenem Antrieb mit dem Problem befasst.

- Beispiel: Ein Unternehmen verwendete für einen Joghurt einen Biokunststoffbecher und warb damit auf der Verpackung. Zu diesem Zeitpunkt ließen sich die Becher jedoch weder recyclen, noch konnte eine bessere Umweltbilanz nachgewiesen werden.

## Stakeholder und Stakeholder-Ansatz

- Der Begriff setzt sich aus „stake“ = englisch für „Anspruch“ oder „Anteil“ und „holder“ = englisch für „Besitzer“ oder „Eigentümer“ zusammen. Er bedeutet so viel wie Teilhaber.

- **Definition Stakeholder**: Stakeholder ist somit eine Bezeichnung für Personengruppen (externe wie auch interne), die, gegenwärtig oder in der Zukunft, ein wirtschaftliches, finanzielles oder ideelles Interesse am positiven Verlauf einer unternehmerischen Tätigkeit haben.

- Beim **Stakeholder-Ansatz** werden die **Ansprüche der Interessensgruppe** die **Grundlage für wirtschaftliches Handeln**. Soll ein Projekt erfolgreich sein, muss die Unternehmensführung bei Entscheidungen alle Interessensgruppen berücksichtigen.

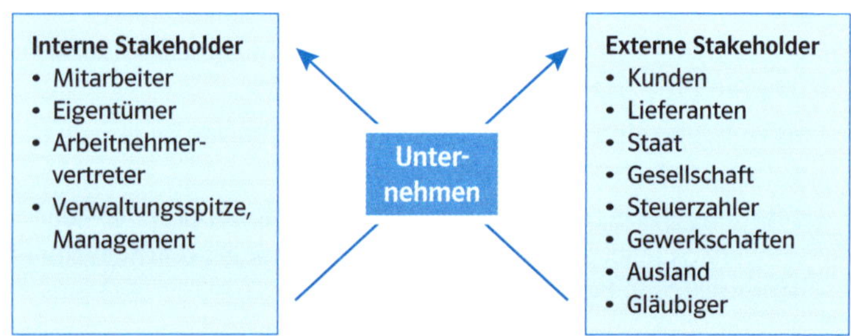


- Beispiele für Interessen:
  - **Eigentümer**: Gewinn, Wertsteigerung, Macht, Einfluss, Entfaltung eigener Ideen,
  - **Mitarbeiter**: Einkommen, soziale Sicherheit, sichere Arbeitsplätze, Status, Anerkennung,
  - **Staat**: Steuern, sichere Arbeitsplätze, Sozialleistungen, Einhaltung von Rechtsvorschriften.

## Shareholder und Shareholder-Ansatz

- **Definition Shareholder**: „Shareholder“ ist der englische Begriff für „Aktionär“ oder „Anteilseigner“. Shareholder sind somit all diejenigen, die mit Eigenkapital am Unternehmen beteiligt sind.

- Der Begriff wird in der Regel nur für börsennotierte Unternehmen verwendet. In diesem Fall sind die Aktionäre Shareholder.

- Über Aktionärsversammlungen können Shareholder Einfluss auf die Unternehmensführung nehmen.

- Beim Shareholder-Ansatz werden die Wünsche und Vorstellungen der Anteilseigner als Grundlage für wirtschaftliches Handeln verstanden.

- Der Shareholder-Ansatz wird in den meisten Großunternehmen praktiziert. Dabei orientiert sich das Management an den wirtschaftlichen Zielen der Anteilseigner.
  In der Praxis bedeutet dies primär eine Steigerung des Aktienkurses in Verbindung mit einer Erhöhung von Umsatz und Gewinn.

- Im Zusammenhang mit dem Begriff Shareholder wird häufig auch der Begriff **Shareholder-Value** verwendet.

- Shareholder-Value bezeichnet den **Unternehmenswert aus Sicht der Aktionäre** und somit auf Grundlage des Börsenkurses.

- **Kritik am Shareholder-Value-Konzept**: Die Ziele des Unternehmens sind in erster Linie an den Anteilseignern orientiert (Erhöhung der Rendite und dem Wert des Eigenkapitals). Interessen von Arbeitnehmern, aber auch die Belange der Gesellschaft und Umwelt, sind von geringer Bedeutung.

## Tarifautonomie

- **Löhne und Gehälter** werden **autonom** zwischen Vertretern der **Arbeitgeber** (Arbeitgeberverbände) und **Arbeitnehmern** (Gewerkschaften) ausgehandelt, ohne dass der Staat sich einmischt. Sie dürfen jedoch nicht unterhalb des gesetzlich festgelegten Mindestlohns liegen.
  - **Rechtliche Grundlagen**: **GG Art. 9**: Bildung von Vereinigungen zur Förderung der Arbeits- und Wirtschaftsbedingungen;
    **Art. 11**: Freizügigkeit, **Art. 12**: freie Berufs- und Arbeitsplatzwahl;
    **Tarifvertragsgesetz**; Gesetz über die Festlegung von **Mindestarbeitsbedingungen**.

- Zu unterscheiden sind **Tarifverträge** (Gewerkschaft + Arbeitgeberverband) und **Betriebsvereinbarungen** (Arbeitgeber + Betriebsrat).
  **Beispiele für Formen** von Tarifverträgen:
  - **Branchen- und Flächentarifverträge**: Sie gelten für ganze Branchen bzw. Regionen und theoretisch nur für Unternehmen, die Mitglieder des Arbeitnehmerverbands sind und Gewerkschaftsmitglieder.
    In der Praxis besitzen sie meist für alle Arbeitnehmer des Unternehmens Gültigkeit.
  - **Firmentarifverträge**: Sie gelten nur innerhalb einer Firma.
  - **Manteltarifverträge** legen einen Rahmen für allgemeine Arbeitsbedingungen (Arbeitszeit, Urlaubsanspruch …) fest.
  - **Lohn- und Gehaltstarifverträge** bestimmen die exakte Höhe der Löhne sowie die Einordnung in Vergütungsgruppen.

- Tarifpolitik:
  - Gewerkschaften: **Offensive Tarifpolitik**; Erhöhung des verfügbaren Einkommens und der Lohnquote (= Anteil Einkommen aus unselbstständiger Arbeit/Volkseinkommen). Argumentation: Kaufkrafttheorie = höhere Einkommen führen zu einer gesteigerten privaten Nachfrage an Gütern.
  - **Arbeitgeber**: **Defensive Tarifpolitik**; Orientierung am Produktivitätszuwachs; Ziel: konstante Lohnquote.

## Mitbestimmung

- Im Bereich des **Arbeitsrechts** (z.B. Unternehmermitbestimmung), des **Arbeitsschutzes** (z.B. Nacht- u. Schichtarbeit) und der **Sozialgesetzgebung** nimmt der Staat Einfluss auf die Bedingungen der Arbeitswelt.

- Arbeitnehmer verfügen über **individuelle** und **kollektive Rechte**, die sie durch bestimmte Organe (z.B. Betriebsrat) ausüben können. Verankert sind diese Rechte im Arbeitsvertrag und dem Betriebsverfassungsgesetz (§ 82; z.B. Informations- und Anhörungsrecht in Angelegenheiten, die seine Person oder seinen Arbeitsplatz betreffen.

- Ein Kollektivrecht von Mitarbeitern ist das Mitbestimmungsrecht.
  - **Auf betrieblicher Ebene**: Betriebsverfassungsgesetz (BetrVG) von 1952 und 1972, wirtschaftliche Teilhabe und Mitbestimmung durch gewählte Arbeitnehmervertreter in Aufsichtsratsgremien. **Drittelparität**: Bei **GmbHs (mehr als 500**) und **AGs** (mehr als **2000 Mitarbeitern**) ist der **Aufsichtsrat**, das Kontrollgremium, zu 1/3 mit Arbeitnehmervertretern besetzt.
  - **Auf Unternehmerebene**: BetrVG 1952 Montan-Mitbestimmungsgesetz; 1976 Mitbestimmungsgesetz: Bei mehr als 2000 Mitarbeitern muss der Aufsichtsrat **paritätisch** besetzt werden. 2004: **Drittelbeteiligungsgesetz** bei Unternehmen mit mehr als 500 Mitarbeitern.

- **Pro Mitbestimmung**: Die kritische Einmischung der Mitarbeiter kann das Unternehmen stärken; Verbesserung des Betriebsklimas; Erhöhung der Identifikation der Arbeitnehmer mit dem Unternehmen; höhere Akzeptanz von Entscheidungen bei Mitbestimmung.

- **Kontra Mitbestimmung**: Standortnachteil für Investoren (Abschreckung durch zu viel Mitbestimmung); Entscheidungsfindungen können sich verzögern, d.h. die Mitbestimmung geht zulasten der Flexibilität; es entstehen zusätzliche Kosten für die Bürokratie; nur eine Minderheit der Arbeitnehmer ist gewerkschaftlich organisiert.

## Menschenführung im Betrieb

- **Motivationstheorien** und **Managementprinzipien**:
  - **Scientific Management**: Der Ansatz versteht die **Mitarbeiter als Produktionsfaktoren**, deren Effizienz mittels Arbeitsplanung und Organisation zu steigern ist. Entwicklung der Arbeitsteilung und Spezialisierung durch Frederic Winslow Taylor, Annahme des **Taylorismus**: Menschen werden durch **extrinsische Faktoren** wie z. B. Belohnungen motiviert.
    Kritik: Monotonie, Ausbeutung durch Akkord, Sinnverlust.
  - **Human-Relations-Bewegung**: Der Ansatz nimmt an, dass die Arbeitsmotivation auch von **intrinsischen Faktoren** abhängt, zum Beispiel **Zwei-Faktoren-Theorie von Herzberg**: **Motivatoren** (auch Satisfaktoren) steigern Arbeitszufriedenheit (Anerkennung, Verantwortung …); **Hygiene-Faktoren** (auch Dissatisfaktoren) beziehen sich auf die Arbeitsbedingungen und sind für die Unzufriedenheit verantwortlich.
  - **Human Resources**: Selbstverwirklichung, die Spitze der Maslowschen Bedürfnispyramide, als Schlüssel zur optimalen Arbeitsleistung. Mittel: flache Hierarchien, Vertrauen und Entscheidungsspielräume (z. B. Job Rotation, Job Enlargement).

- **Managementprinzipien**:
  - **Management by Delegation**: Die Führungskraft überträgt Entscheidungen an die Mitarbeiter. Das Aufgabengebiet ist klar begrenzt, besteht oft jedoch aus Routinetätigkeiten.
  - **Management by Exception**: Der Mitarbeiter erhält einen klaren Ermessensspielraum; die Entscheidungskompetenz des Vorgesetzten wird nur in Ausnahmesituationen (z. B. Höhe einer Investition) benötigt.
  - **Management by Objectives**: Die Festlegung von Zielen erfolgt gemeinsam durch den Vorgesetzten und die Mitarbeiter, die Zielerreichung wird vom Mitarbeiter festgelegt. Dies fördert das selbstständige Handeln.
  - **Management by Motivation**: Annahme: Das Gehalt motiviert nur kurzfristig. Eine nachhaltige Motivation setzt die Befriedigung höhergestellter Bedürfnisse voraus.

## Bilanz

- Die Bilanz ist Teil des **Jahresabschlusses**, der aus Bilanz, Gewinn- und Verlustrechnung besteht. Sie muss nach dem **Handelsgesetzbuch** von Personen- und Kapitalgesellschaften am Ende eines Geschäftsjahres durchgeführt werden.
  - Von lat. „bilancia" = zweischalige Waage, die Bilanz ist eine **Gegenüberstellung von Vermögen** (**Aktiva**, Mittelverwendung) und **Kapital** (**Passiva**, Mittelherkunft; Eigenkapital und Verbindlichkeiten) zu einem bestimmten Stichtag.
  - Damit die Bilanz im Gleichgewicht ist, gilt **Aktiva = Passiva**: Das Vermögen muss denselben Wert haben wie das von Gläubigern bereitgestellte Kapital.

- Die Bilanz ist ein wichtiges Instrument zur Beurteilung der Entwicklung eines Unternehmens und erfüllt folgende Funktionen:
  - **Informationsfunktion**: Sie informiert alle Interessenten (Eigentümer, Aktionäre, Steuerbehörden …) über die Unternehmenslage (Gewinn, Verlust, Vermögen).
  - **Dokumentationsfunktion**: Sie überprüft Geschäftsvorgänge.
  - **Gewinnermittlungsfunktion**: Sie ermittelt Gewinn/Verlust in einem Geschäftsjahr (GuV) über einen Vergleich des Eigenkapitals zu Beginn und am Ende eines Geschäftsjahres.

- Die Gewinn- und Verlustrechnung geht in die Bilanz mit ein. Ein Gewinn vergrößert das Eigenkapital, ein Verlust schmälert es.

| Aktiva | Passiva |
|---|---|
| – Mittelverwendung<br>– Anlagevermögen (z. B. Grundstücke, Fuhrpark, Maschinenpark)<br>– Umlaufvermögen (Rohstoffe, Warenvorräte, Forderungen, Bankguthaben, Kassenbestände …) | – Mittelherkunft<br>– Eigenkapital (Geschäftseinlagen, Gesellschafterkapital, Gewinn)<br>– Fremdkapital (Kredite, Verbindlichkeiten) |
| **Summe des Vermögens** | **Summe des Kapitals** |

## Gewinn- und Verlust-Rechnung (GuV)

- Die GuV ist neben der Bilanz ein **Bestandteil des Jahresabschlusses** und muss von jedem Kaufmann durchgeführt werden. Aus betriebswirtschaftlicher Sicht ist die GuV ein Unterkonto des Kontos Eigenkapital (auf der Seite der Passiva).

- In der GuV werden **Erträge und Aufwendungen**, die während eines Geschäftsjahres entstanden sind, gegenübergestellt und so der Gewinn oder Verlust ermittelt.
  - **Erträge**: Absatzleistungen (Umsatzerlöse für gefertigte Waren/Dienstleistungen), Bestandserhöhungen, Eigenleistungen (z. B. selbstproduzierte, im eigenen Betrieb verwendete Maschinen), sonstige betriebliche Erträge (z. B. Mieten), Finanzerträge (z. B. Zinsen).
  - **Aufwendungen**: Bestandsminderungen, Materialaufwendungen, Abschreibungen, sonstige betriebliche Aufwendungen (z. B. Marketingaufwendungen, Betrieb von Büros), Finanzaufwendungen (gezahlte Zinsen), Steuern.

- **Der Aufbau der GuV**:
  - Kontenform: Unterscheidung zwischen Sollseite (Aufwendungen) und Habenseite (Erträge), der Saldo gibt den Erfolg des Geschäftsjahres an. Sind die Erträge höher (niedriger) als die Aufwendungen, ergibt sich ein Gewinn (Verlust).

| Ermittlung des Erfolgs | T€ | |
|---|---|---|
| | 2022 | 2023 |
| Erträge | 2.172.000 | 226.500 |
| – Aufwendungen | – 2.500.000 | – 2.092.000 |
| = Erfolg (**Gewinn oder Verlust**) | – 328.000 | – 1.865.500 |

  - **Staffelform**: Kapitalgesellschaften (AG, GmbH) und Personengesellschaftern wie die GmbH & Co. KG müssen die GuV in Form einer **Tabelle** (die Auflistung der Positionen erfolgt untereinander) vornehmen. Sie können dabei entweder das Gesamtkosten- oder das Umsatzkostenverfahren anwenden.

## Kennzahlen

- **Definition Kennzahlen**: Kennzahlen sind Zahlen, die **betriebliche Sachverhalte** in **konzentrierter Form abbilden**. Sie dienen
  - der Bewertung und dem Vergleich von Unternehmen (inner- bzw. zwischenbetrieblich),
  - der Entscheidungsunterstützung sowie der Steuerung und Kontrolle von Maßnahmen,
  - der Problembenennung und der Ermittlung der Stärken und Schwächen,
  - der Dokumentation wichtiger Sachverhalte.

- **Man unterteilt**: Erfolgs-, Liquiditäts- und Rentabilitätskennzahlen, Kennzahlen zur Vermögensstruktur und zur Umsatzhäufigkeit.

- **Erfolgskennzahlen**: Ermittlung des Unternehmenserfolgs (Gewinn oder Unternehmenswert), z. B. Gewinn vor Steuern, Umsatz, Jahresüberschuss, bereinigter Jahresüberschuss, Cashflow, Gesamtbetriebsertrag, Deckungsbeitrag und Personalleistung.
  - **Cashflow**: **Differenz aus Einnahmen und Ausgaben** innerhalb eines Zeitraumes. Er ist ein Indikator für die Finanzkraft bzw. die Innenfinanzierungskraft eins Unternehmens, d. h., welche selbst erwirtschafteten Mittel des Geschäftsjahrs dem Unternehmen zur Schuldentilgung, für Investitionen oder zur Gewinnausschüttung zur Verfügung stehen.
  - Der Cashflow lässt sich durch die **direkte Methode** (Ausnahme) und die **indirekte Methode** (Normalfall) ermitteln.

**Ermittlung über indirekte Methode**:
Jahresüberschuss nach Steuern
+ Abschreibungen
+ Zuführung zur Garantierückstellung
= Cashflow

- Kennzahlen zur **Umsatzhäufigkeit**: Kapital- und Lagerumschlagshäufigkeit
  - Lagerumschlagshäufigkeit: $\frac{\text{Jahresverbrauch}}{\text{durchschnittlicher Lagerbestand}}$
  - Kapitalumschlagshäufigkeit: $\frac{\text{Umsatzerlöse}}{\text{durchschnittliches Gesamtkapital}}$

## Kennzahlen: Liquidität und Rentabilität

- **Liquiditätskennzahlen** (L) zeigen, ob ein Unternehmen Zahlungsverpflichtungen fristgerecht nachkommt. Man unterscheidet: Bar-, Einzugs-, Warenliquidität:
  - $\text{L 1. Grad [in \%]} = \frac{\text{liquide Mittel}}{\text{kurzfristige Verbindlichkeiten}} \times 100$ (Barliquidität)
  - $\text{L 2. Grad [in \%]} = \frac{\text{liquide Mittel + kurzfristige Forderungen}}{\text{kurzfristige Verbindlichkeiten}} \times 100$ (Einzugsliquidität)
  - $\text{L 3. Grad [in \%]} = \frac{\text{Umlaufvermögen}}{\text{kurzfristige Verbindlichkeiten}} \times 100$ (Warenliquidität)
- **Rentabilitätskennzahlen** setzen den Erfolg einer Abrechnungsperiode in Beziehung zum Kapital.
  - Die **Eigenkapitalrentabilität (EKR, auch Unternehmerrentabilität)** misst die **Wirtschaftlichkeit** eines Unternehmens. Sie gibt an, wie das eingesetzte Kapital durch den Geschäftsbetrieb verzinst wird:

    $\text{EKR [in \%]} = \frac{\text{Jahresüberschuss (JÜ)}}{\text{Eigenkapital}} \times 100$
  - Durch das Einbeziehen von Fremdkapital, das den Gewinn steigert, kann die Kennzahl verbessert werden, während das Eigenkapital gleichbleibt (**Leverage-Effekt**).
  - Die **Gesamtkapitalrentabilität** (**GKR, auch Unternehmensrentabilität**) ist ein Indikator für **die Verzinsung des Gesamtkapitals** und ein Maßstab für die **Bewertung des Unternehmens** z. B. durch Banken oder Investoren. Die GKR sollte höher sein als die durchschnittliche Fremdkapitalverzinsung (sonst **Leverage Risk**):

    $\text{GKR [in \%]} = \frac{\text{JÜ + Fremdkapital}}{\text{Gesamtkapital}} \times 100$
  - Die **Umsatzrentabilität** (**UR**) gibt das prozentuale Verhältnis des Jahresüberschusses zum erzielten Umsatz an, d. h. wie viel Cent Gewinn mit jedem Euro Umsatz erwirtschaftet wird. Die Kennzahl ist branchenspezifisch und erlaubt den Vergleich verschiedener Unternehmen einer Branche:

    $\text{UR [in \%]} = \frac{\text{JÜ + Fremdkapital}}{\text{Umsatzerlöse}} \times 100$
  - **Return On Investment** (**ROI**) = Kennzahl für die Kapitalumschlagshäufigkeit, wie die UR branchenspezifisch.

    ROI = Umsatzrentabilität × Kapitalumschlagshäufigkeit

## Kennzahlen zur Vermögensstruktur

- **Kennzahlen zur Vermögensstruktur**, z. B. Bilanzkennzahlen:
  - **Verschuldungsgrad** [in %] = $\frac{\text{Fremdkapital}}{\text{Gesamtkapital}} \times 100$
  - Die **Eigenkapitalquote** ist ein Indikator für die wirtschaftliche und finanzielle Stabilität [in %] = $\frac{\text{Eigenkapital}}{\text{Gesamtkapital}} \times 100$
  - Die **Fremdkapitalquote** ermöglicht eine Aussage über die Verschuldung des Unternehmens [in %] = $\frac{\text{Fremdkapital}}{\text{Gesamtkapital}} \times 100$
  - Die **Anlagenquote** gibt das Verhältnis des Anlagevermögens zum Gesamtvermögen an [in %] = $\frac{\text{Anlagevermögen}}{\text{Gesamtvermögen}} \times 100$
  - Die **Anlagendeckung** gibt darüber Auskunft, inwieweit das Anlagevermögen durch das Eigenkapital gedeckt ist. Der Anlagendeckungsgrad ist die rechnerische Kennzahl für die **goldene Bilanzregel**. Diese besagt, dass Anlagevermögen möglichst durch vorhandenes Eigenkapital gedeckt werden soll (Anlagendeckungsgrad 1). Ist dies nicht möglich, soll die Deckung unter Einbeziehung des langfristigen Fremdkapitals gewährleistet sein (Deckungsgrad 2). Grundsätzlich gilt: Langfristig gebundenes Vermögen ist langfristig zu finanzieren (d. h. die Finanzierungsdauer soll mit der Kapitalbindungsdauer abgestimmt sein).
  - Man unterscheidet zwei Deckungsgrade, die goldene Bilanzregel ist erfüllt, wenn das Ergebnis mindestens 100 ist.

    **Anlagendeckungsgrad 1** [in %] = $\frac{\text{EK (Eigenkapital)}}{\text{AV (Anlagevermögen)}} \times 100 \geq 100$

    **Anlagendeckungsgrad 2** [in %] = $\frac{\text{EK + langfristige FK}}{\text{AV}} \times 100 \geq 100$
  - **Bilanz zur Anlagendeckung**:

| Aktiva | Passiva | |
|---|---|---|
| Umlaufvermögen | kurzfristiges Fremdkapital | |
| Anlagevermögen | Eigenkapital | langfristiges Fremdkapital |
| | Anlagendeckungsgrad 1 | Anlagendeckungsgrad 2 |

## Vollkostenrechnung: Kostenartenrechnung

- Bei der **Vollkostenrechnung** werden alle anfallenden Kosten auf die Kostenträger umgerechnet, um sicherzustellen, dass mit den kalkulierten Preisen auch die Kosten gedeckt werden können.

- Die Vollkostenrechnung erfolgt in **drei Schritten**: Die **Kostenartenrechnung** dient der Kostenermittlung, die **Kostenstellen-** und **Kostenträgerrechnung** dienen der Kostenverteilung.

- Die Kostenartenrechnung beantwortet die Frage: „Welche Kosten sind im Unternehmen in welcher Höhe entstanden?" Sie stellt zudem Daten für weitere Aufgaben und Prozesse zur Verfügung. Die Kostenstellen- und die Kostenträgerrechnung (→ S. 80, 83) und die Finanz- und Materialbuchhaltung basieren auf diesen Daten.

- **Kostenartenrechnung**: Hierbei werden die Kosten, die in einem Betrieb in einer bestimmten Periode angefallen sind, erfasst und nach bestimmten Kriterien eingeteilt. Zudem werden sie in **Einzel-** und **Gemeinkosten** bzw. **fixe und variable Kosten** unterteilt.

- Beispiele für Kriterien zur Einteilung der Kosten:
  - **Zurechenbarkeit auf die Kostenträger (Produkte)**:
    **Einzelkosten** = Kosten, die **direkt** den Kostenträgern zugerechnet werden können (z. B. Fertigungsmaterial und -löhne, Sondereinzelkosten der Fertigung etc.)
    versus
    **Gemeinkosten** = nur **indirekt**, mithilfe von Verteilungsschlüsseln über den Betriebsabrechnungsbogen auf den Kostenträger zurechenbar (Warenarten bzw. -gruppen, z. B. Abschreibungen, Strom).
  - **Abhängigkeit vom Beschäftigungsgrad**:
    **variable Kosten** = Höhe verändert sich in Abhängigkeit von der Absatzmenge, z. B. Materialverbrauch
    versus
    **fixe Kosten** = unabhängig von der Absatzmenge, z. B. Gehälter, Abschreibungen.

## Erlös, Kosten, Gewinn und Umsatz

- **Definitionen**:
  - Der **Erlös** ist der am Markt erzielte Gegenwert für die erbrachten Güter/Leistungen, der ins Unternehmen zurückfließt.
    *Erlös (E) = Absatzpreis je Stück · Absatzmenge,* $E = P \cdot x$
  - Die **Gesamtkosten** setzen sich aus **fixen** (unabhängig von der produzierten Menge) und **variablen** Kosten (abhängig von der produzierten Menge) zusammen (→ S. 80).
    *Gesamtkosten = fixe Kosten + variable Kosten pro Stück · Produktionsmenge;* $K(x) = k_f + k_v \cdot x$
  - Der **Gewinn** ist die Differenz zwischen Erlös und Kosten.
    *Gewinn = Erlöse − Kosten*
  - Der **Umsatz** ist die Summe aller abgesetzten Produkte und Dienstleistungen innerhalb einer Periode. Unterschieden wird zwischen dem Netto- und Bruttoumsatz (ohne bzw. mit Berücksichtigung der Mehrwertsteuer):
    *Umsatz = Preis · Absatzmenge*

- **Die lineare Kostenfunktion**: $K(x) = k_f + k_v \cdot x$
  - Die Kostenfunktion dient wie die Gewinn- und Erlösfunktion der Darstellung von wirtschaftlichen Zusammenhängen.
  - Die Kostenfunktion gibt den Zusammenhang zwischen der Produktionsmenge und den dafür benötigten Kosten an.
  - Kritik an der linearen Kostenfunktion: progressive Kosteneffekte bleiben unberücksichtigt (z.B. Ausschussquote, Überstunden oder Verschleiß).

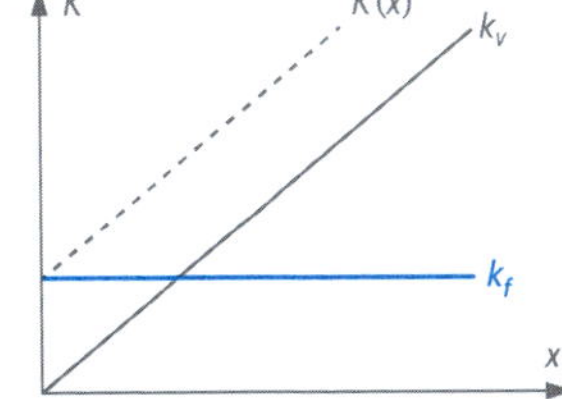


$K$ = Kosten
$x$ = Produktionsmenge (Stückkosten)
$K(x)$ = Gesamtkosten
$k_v$ = variable Kosten
$k_f$ = Fixkosten

## Berechnung: Kosten- und Erlösfunktion, Break-Even-Point

$B_{EP}$ = Break-Even-Point
$K(x)$ = Gesamtkosten
$k_v$ = variable Kosten
$X$ = Produktionsmenge (Stückkosten)
$k_f$ = Fixkosten
$P$ = Preis
$V_p$ = Verkaufspreis

- **Erlösfunktion**: Sie gibt die Abhängigkeit zwischen Absatzmenge und Umsatz an: $E(x) = P \cdot X$ (bei konstanten Preisen)
  - Grenzerlös: $E' = p$ (identisch mit dem Marktpreis)
- **Gewinnfunktion**: Die Erlösfunktion gibt den Gewinn in Abhängigkeit von der abgesetzten Menge an: $G(x) = E(x) - K(x)$
- **Gewinnmaximierung**: Von Gewinnmaximierung spricht man dann, wenn die Differenz zwischen Erlös und den Kosten maximal ist.
- **Gewinnschwelle (Break-Even-Point)**: Das ist der Punkt, an dem Erlös und Kosten (fixe und variable) einer Produktion gleich hoch sind. Er ergibt sich, wenn die Gesamtkostenfunktion mit der Umsatzerlösfunktion gleichgesetzt wird.

  $B_{EP}$ (benötigte Absatzmenge) $= \dfrac{k_f \text{(gesamte Fixkosten)}}{V_p - k_v}$

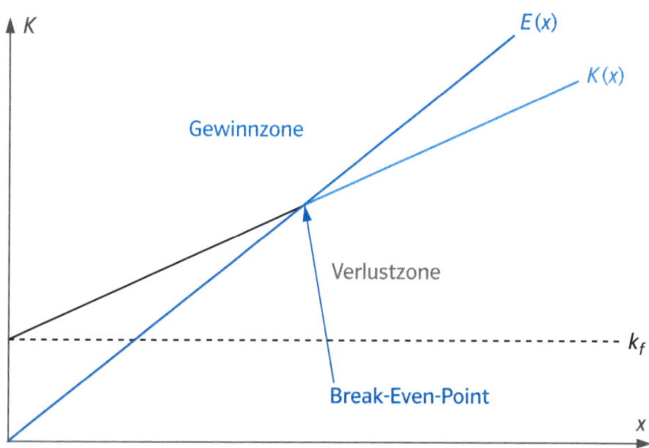

## Vollkostenrechnung: Kostenstellen- und Kostenträgerrechnung

- Die **Kostenstellenrechnung** ordnet die innerhalb einer Periode angefallenen Gemeinkosten (GK) den **Kostenstellen** (Material, Fertigung, Verwaltung, Vertrieb) **verursachergerecht** zu. Sie dient zudem zur Überprüfung der Wirtschaftlichkeit eines Unternehmens.
  - **Durchführung**: Monatlich/jährlich mithilfe des Betriebsabrechnungsbogens; Berechnung der für jede Kostenstelle anteiligen GK (Materialgemeinkosten (MGK), Fertigungsgemeinkosten (FGK), Verwaltungs- und Vertriebsgemeinkosten). Feststellung der **Gemeinkosten-Zuschlagssätze**: Die Gemeinkostensummen der jeweiligen Kostenbereiche werden zu bestimmten Zuschlagsgrundlagen ins Verhältnis gesetzt, die für die Verteilung auf die Kostenträger (KTr) notwendig sind.

- Die **Kostenträgerrechnung** dient der Ermittlung der Selbstkosten, die bei Produktion und Absatz der Kostenträger entstehen.
  - Die **Kostenträgerstückrechnung** dient der Bestimmung der **Kosten pro KTr**, um so den **Selbstkostenpreis** zu ermitteln. Dieser dient zur Festsetzung von Verkaufs- und internen Verrechnungspreisen. Durchgeführt wird eine **Vorkalkulation** (vor der Produktion zur Preisermittlung, sie soll zukünftig vermutlich anfallende Kosten festlegen; Normal-Kosten) und **Nachkalkulation** (nach Abschluss der Produktion, nachträgliche Kostenermittlung; Ist-Kosten).
  - Die **Kostenträgerzeitrechnung** bezieht die Kosten der Abrechnungsperiode auf die Kostenträger. Sie ermittelt mithilfe des **Kostenträgerblattes** den **Erfolg des Gesamtbetriebs** (mit Normal- und Ist-Kosten) sowie einzelner Erzeugnisgruppen (mit Normal-Kosten). Werden den Kosten der Abrechnungsperiode die entsprechenden Umsatzerlöse gegenübergestellt, wird sie zur **Ergebnisrechnung**.
  - Bei der **Maschinenkostenrechnung** werden die maschinenabhängigen Kosten (z. B. Wartungskosten) den verursachenden KTr zugeteilt. Hierfür Herausrechnen der maschinenabhängigen Kosten aus den Fertigungsgemeinkosten und Kalkulation der Kosten über einen Maschinenstundensatz (maschinenabhängige Fertigungskosten/Maschinenlaufstunden).

## Materialwirtschaft: Zielkonflikte

- Die Aufgabe der Materialwirtschaft ist die **Bereitstellung der Materialien** für die Produktion zur **richtigen Zeit**, am **richtigen Ort**, in der **richtigen Art** und Qualität, Abmessung etc. in der **benötigten Menge**, möglichst **kostensparend** und **umweltschonend**.

- **Material** umfasst Werkstoffe (Roh-, Hilfs-, Betriebsstoffe), unfertige wie fertige Erzeugnisse sowie die Waren des Betriebes.

- Ziele und Zielkonflikte der Materialwirtschaft:
  - **Kostenziel**: **Reduzierung der Beschaffungskosten** (Reduzierung der Einkaufspreise und dadurch der Materialkosten des Betriebes) und der meist hohen **Logistikkosten**.
  - **Zeitziel**: **Termineinhaltung** bei der Versorgung der Produktion und Kunden mit Material und dadurch Vermeidung von **Fehlmengenkosten** (= Kosten, die entstehen, wenn Produktion oder Kunden das erforderliche Material nicht termingerecht erhalten und dadurch die Produktion stillsteht oder Ersatzmaterialien verwendet werden) sowie **Reduzierung der Durchlaufzeiten** des Materials durch den Betrieb.
  - **Ergebnisziele**: Senkung der Materialkosten bei gleichzeitiger Sicherstellung der benötigten Qualität.

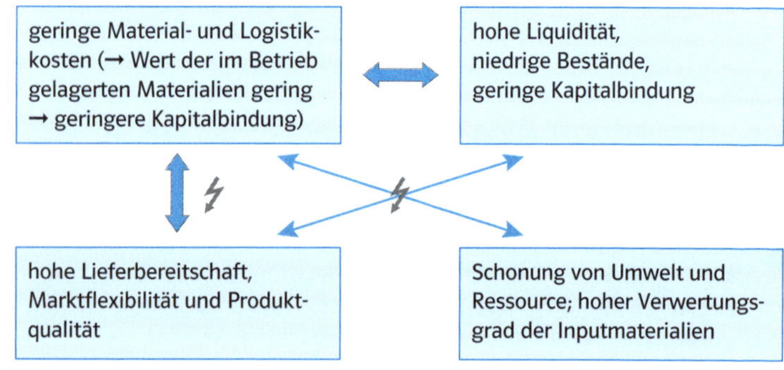

## Materialwirtschaft: Bestellpunktverfahren, optimale Bestellmenge und ABC-Analyse

- Ermittlung des Materialbedarfs nach dem **Bestellpunktverfahren**:
  - **Ziel**: Bestellung wird ausgelöst, wenn ein bestimmter Meldebestand (= Bestellpunkt) erreicht ist. Das Verfahren ist insbesondere bei unregelmäßigem Verbrauch sinnvoll, setzt aber zur Vermeidung von hohen Lagerbeständen eine ständige Meldebestandsanpassung voraus.
  - Für die Feststellung des Bestandes müssen Lieferzeit, Tagesverbrauch sowie ein eventueller Mindestbestand berücksichtigt werden.

  Meldebestand = (Tagesverbrauch × Beschaffungszeit)
  + Mindestbestand (oder Sicherheitsbestand)

- Ermittlung der **optimalen Bestellmenge B**
  - Sie entspricht der **Menge, bei der die Summe aus Bestell- und Lagerkosten am geringsten ist**.
  - **Zielkonflikt zwischen Lager- und Bestellkosten**: **Beschaffung größerer Mengen** in größeren Zeitabständen verursacht relativ hohe Lagerkosten, die Beschaffung kleinerer Mengen hingegen relativ hohe Bestellkosten.

  Berechnung: $B = \sqrt{\dfrac{2 \cdot \text{Jahresbedarf} \cdot \text{fixe Bestellkosten}}{\text{Einstandspreis} \cdot (\text{Zinssatz} + \text{Lagerkostensatz})}}$

- **ABC-Analyse**: Verfahren zur wirtschaftlichen Bewertung der zu beschaffenden und zu lagernden Güter, Wirtschaftlichkeitskontrolle.
  - Einteilung der Güter nach ihrem **Wert- und Mengenanteil** in
    **A-Güter**: Hoher Wertanteil, geringer Mengenanteil am Gesamtvolumen → häufige Bestellungen und geringe Sicherheitsabstände lohnenswert, um möglichst geringe Kapitalbindung zu erreichen.
    **B-Güter**: Mittlerer Wert- und Mengenanteil am Gesamtvolumen.
    **C-Güter**: Geringer Wertanteil, aber hoher Mengenanteil am Gesamtvolumen → Senkung der Beschaffungs- und Lagerkosten sollte Priorität haben; großer Dispositionsaufwand nicht lohnenswert.

## Materialwirtschaft: Bestände, Lagerhaltung, Bezugsquellenermittlung

- Der **Mindestbestand** (Lagerbestandsgrößen) ist eine Angabe der Vorratsmenge, die nur bei außerordentlichen Lieferschwierigkeiten (z. B. Streiks) verwendet werden darf. Die Ermittlung erfolgt über eine Schätzung des zu überbrückenden Zeitraums, der als Rechnungsgröße festgelegt wird.

- Der **Höchstbestand** bezeichnet die Warenmenge, die höchstens eingelagert werden sollte (abhängig von Umsatz, Haltbarkeit …).

- Der **Meldebestand** ist die Warenmenge, ab der Artikel nachbestellt werden müssen.

- Ermittlung der Wirtschaftlichkeit der Lagerhaltung anhand verschiedener **Lagerkennziffern**:
  Durchschnittlicher Lagerbestand:

  $$\text{Monat} = \frac{\text{Jahresanfangsbestand} + \text{Jahresendbestand}}{2}$$

  $$\text{Jahr} = \frac{\text{Jahresanfangsbestand} + 12\ \text{Monatsbestände}}{13}$$

  $$\text{Lagerumschlagshäufigkeit} = \frac{\text{Jahresverbrauch}}{\text{durchschnittlicher Lagerbestand}}$$

  $$\text{Durchschnittliche Lagerdauer} = \frac{360\ \text{Tage}}{\text{Lagerumschlagshäufigkeit}}$$

  $$\text{Lagerzinssatz} = \frac{\text{Jahreszinssatz} \cdot \text{durchschnittliche Lagerdauer}}{360\ \text{Tage}}$$

- **Bezugsquellenermittlung**: Auswahl bekannter Lieferanten durch eine **interne Bezugsquellenermittlung** (z. B. Lieferanten- und Warendateien), Auswahl neuer Lieferanten durch **externe Bezugsquellen** (Internet, Adressenverzeichnisse, Fachmessen, Kataloge).

- Auswahl geeigneter Lieferanten durch Vergleich:
  **Quantitative Kriterien**: Angebotspreis, Preisnachlässe, Zahlungs- und Lieferungsbedingungen.
  **Qualitative Kriterien**: Zuverlässigkeit, Produktqualität, Service, Garantie und Kulanz.

# Instrumente der staatlichen Wirtschaftspolitik

- **Definition Wirtschaftspolitik**: Gesamtheit aller Aktionen, die den Wirtschaftsprozess ordnen oder steuern.
- **Definition wirtschaftspolitisches Instrumentarium**: Gesamtheit aller Maßnahmen, die der Staat nutzen kann, um die in §1 des Stabilitätsgesetzes festgelegten Ziele zu erreichen.
  **Gründe** für den Staatseingriff: Konzentration wirtschaftlicher Macht, konjunkturelle Schwankungen, Börsencrashs, Beeinträchtigungen der Umwelt, allgemein: Marktversagen.
- Das wirtschaftspolitische Instrumentarium wird im Rahmen kurzfristiger antizyklischer Konjunkturpolitik eingesetzt und dient zur langfristigen Gestaltung der Strukturpolitik.

**Konjunkturfördernde Wirkung auf Unternehmen** (z. B. Subventionen, Vergünstigungen bei Abschreibungen), **private Haushalte** (z. B. geringere Steuerbelastung und dadurch Erhöhung der Konsumausgaben) und **das Ausland** (z. B. Verbilligungen beim Export).

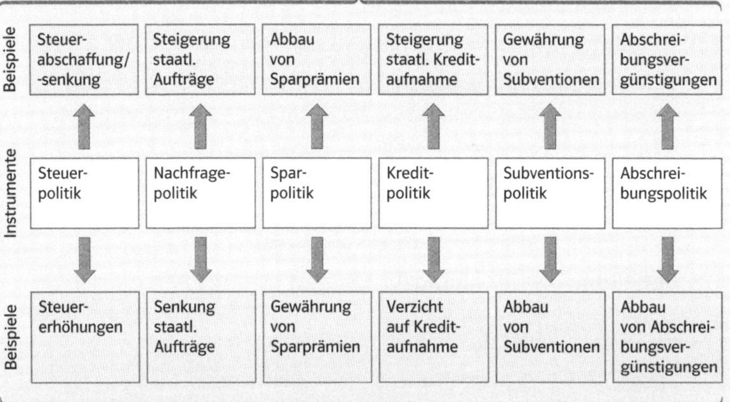

| | | | | | | |
|---|---|---|---|---|---|---|
| Beispiele | Steuerabschaffung/-senkung | Steigerung staatl. Aufträge | Abbau von Sparprämien | Steigerung staatl. Kreditaufnahme | Gewährung von Subventionen | Abschreibungsvergünstigungen |
| Instrumente | Steuerpolitik | Nachfragepolitik | Sparpolitik | Kreditpolitik | Subventionspolitik | Abschreibungspolitik |
| Beispiele | Steuererhöhungen | Senkung staatl. Aufträge | Gewährung von Sparprämien | Verzicht auf Kreditaufnahme | Abbau von Subventionen | Abbau von Abschreibungsvergünstigungen |

**Konjunkturdämpfende Wirkung auf Unternehmen** (z. B. Verteuerung der Produktion), **private Haushalte** (z. B. höhere Steuerbelastung und dadurch Verringerung der Konsumausgaben) und das **Ausland** (z. B. Verteuerung beim Export).

## Handlungsfelder der Wirtschaftspolitik

- **Ordnungspolitik** (eher langfristig angelegt):
  - **Definition**: Die Ordnungspolitik beschäftigt sich mit der staatlichen Gestaltung der Rahmenbedingungen; ihr qualitatives Ziel ist die Erhaltung, Anpassung, Verbesserung und Sicherung der Wirtschaftsordnung.
  - **Träger**: V.a. Legislative; z.B. Wettbewerbs-, Sozialpolitik.
  - **Instrumente**: Wirtschaftsverfassung, Unternehmensgesetze, Eigentums- und Geldordnung, Umweltpolitik etc.
  - Sie beeinflusst primär das Handeln und Verhalten der Haushalte und Unternehmen (mikroökonomische Einheiten).
  - Die Ausgestaltung wird durch das jeweils herrschende ordnungspolitische Leitbild beeinflusst, z.B. Ordoliberalismus.

- **Prozesspolitik** (eher kurzfristig angelegt):
  - **Definition**: Die Prozesspolitik ist Teil der Wirtschaftspolitik, die sich im Gegensatz zur Ordnungspolitik mit der **direkten Steuerung des Wirtschaftsablaufs** befasst. Hierzu gehören z.B. Maßnahmen wie Leitzinsen, Zollsätze, Subventionen.
  - **Träger**: V.a. Exekutive; z.B. Konjunktur- und Finanzpolitik.
  - **Instrumente**: Z.B. Wettbewerbs-, Arbeitsmarkt-, Sozialpolitik, Steuern, Subventionen, Investitions- und- Infrastrukturpolitik.
  - Die Prozesspolitik zielt primär auf makroökonomische Größen ab, z.B. Bruttoinlandsprodukt (BIP).

- **Strukturpolitik** (eher mittelfristig angelegt):
  - **Definition**: Die Strukturpolitik umfasst Maßnahmen, die der Gestaltung der Volkwirtschaft dienen, z.B. die Gestaltung des regionalen bzw. sektoralen Strukturwandels.
  - **Träger**: V.a. Exekutive (Bund, Länder, Gemeinden, EU).
  - **Instrumente**: Z.B. Subventionszahlungen, Steuervergünstigungen, Importbehinderungen durch Zölle; arbeitsmarktpolitische Maßnehmen (Förderung beruflicher Mobilität).
  - Die Strukturpolitik zielt primär auf die Bedingungen in einzelnen Regionen oder Branchen ab.

## Steuern

- Steuern sind die maßgebliche Einnahmequelle des Staates. Sie lassen sich unterteilen in
  - **direkte Steuern**, die an die wirtschaftliche Leistungsfähigkeit des Steuerpflichtigen gekoppelt sind (z. B. Einkommenssteuer) und
  - **indirekte Steuern**, d. h. Verbrauchssteuern, die beim Produzenten auf Güter- und Dienstleistungen erhoben und auf den Preis aufgeschlagen werden (z. B. Mehrwertsteuer mit unterschiedlichen Sätzen von 7% und 19%).

- Die **gesamtwirtschaftliche Steuerquote**:
  - Sie ist eine Kennzahl für den Anteil der Steuereinnahmen am Bruttoinlandsprodukt (BIP) und ein **Indikator** für die **relative Belastung durch Besteuerung**.
  - Sie entwickelte sich in den letzten 40 Jahren im Bereich 22–25% des BIPs; im internationalen Vergleich ist dieser Wert eher niedrig, der Wert der Abgabequote dafür eher hoch.

- Neben der Steuerquote werden folgende Quoten berechnet:
  - **Abgabequote**: Hierfür werden zusätzlich zur Steuerquote die Sozialbeiträge hinzugezogen.
  - **Staatsquote**: Sie drückt das Verhältnis der gesamten Staatsausgaben zum BIP aus und somit die Bedeutung des staatlichen Sektors in einer Volkswirtschaft. Zu den Staatsausgaben zählen staatliche Investitionen, Ausgaben für Personal in Verwaltungen, Zinszahlungen, Subventionen. In der BRD liegt diese seit 1991 bei ca. 43–50%.

- **Steuergerechtigkeit**:
  - **Äquivalenzprinzip**: Die Höhe der Steuern richtet sich nach den beanspruchten Leistungen.
  - **Leistungsprinzip**: Die Besteuerung erfolgt entsprechend der steuerlichen Leistungsfähigkeit.
  - **Bedarfsprinzip**: Die Höhe richtet sich nach dem Bedarf.

## Steuersenkungen: die Laffer-Kurve

- Annahmen nach Arthur B. Laffer:

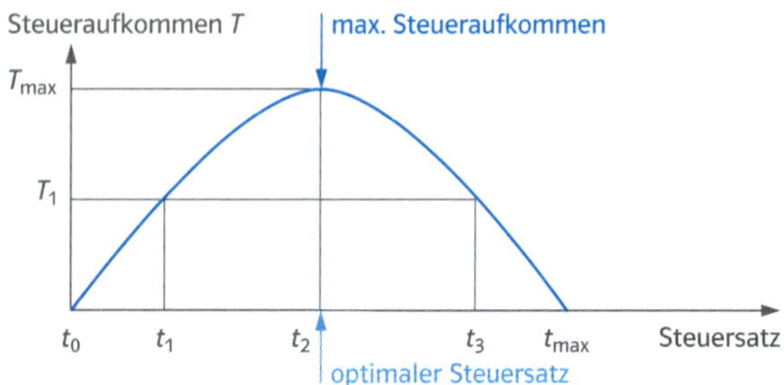


  - Mit **steigendem Steuersatz** steigen zunächst die Steuereinnahmen (zu Beginn überproportional, dann langsamer bis zu einem Maximalpunkt).
  - Ab einem bestimmten Punkt (optimaler Steuersatz) fehlt Arbeitenden der Anreiz, sich weiter anzustrengen, da der Staat zu hohe Abgaben erhebt. → Ab einem Steuersatz von 100 % gibt es keine Steuereinnahmen mehr.

- Umstritten ist unter Ökonomen die Frage, ob Steuersenkungen bzw. -erhöhungen zu Mehreinnahmen führen.

- Laffer plädiert für Steuersenkungen, da Wohlstand von den Reichen zu den Armen „durchsickern" würde (**Trickle-Down-Effekt**).
  - Laffers Theorie folgend senkte US-Präsident Ronald Reagan 1981 massiv die Steuern. Die Folge war ein massiver Anstieg des Haushaltsdefizits und der Staatsverschuldung bei geringer Steigerung der staatlichen Einnahmen.
  - Der Weltungleichheitsreport 2018 verdeutlicht: Die Realeinkommen (= um die Inflation bereinigte Einkommen) der unteren 50 % der Amerikaner stagnieren seit 1980; das reichste Prozent konnte im gleichen Zeitraum sein Realeinkommen verdoppeln.

- Trotz dieser Befunde vertreten republikanische Politiker bis heute Laffers Theorie. So begründete auch der amerikanische Präsident Donald Trump seine massiven Steuersenkungen 2017 mit dieser Idee.

## Subventionen

- **Definition Subventionen**: Sie sind staatliche Transferleistungen an die Privatwirtschaft, von lat. subvenire = zu Hilfe kommen.

- Arten von Subventionen aus Sicht des Staates
  - **auf der Einnahmenseite**: Steuervergünstigungen,
  - **auf der Ausgabenseite**: Zuschüsse, Bürgschaften, Zollbefreiungen und Darlehen; z. B. Steinkohlebergbau bis 2018, Hermes-Bürgschaften (Exportkreditversicherung für deutsche Exportunternehmer, um sie vor Verlusten durch ausbleibende Zahlungen ihrer ausländischen Geschäftspartner zu schützen).

- **Pro Subventionen**:
  - Subventionen sichern die Bereitstellung wünschenswerter Güter und Dienste, z. B. Bildung, medizinische Versorgung.
  - Subventionen sind ein Mittel gegen Konjunktureinbrüche, z. B. Abwrackprämie für Autos.
  - Subventionen sichern den Parteien die Gunst der Wähler.
  - Sie sind für die subventionierten Unternehmen ein Anreiz, ihren Standort nicht ins Ausland zu verlegen.

- **Kontra Subventionen**:
  - Subventionierte Branchen verpassen aufgrund des „Gewöhnungseffektes" den Strukturwandel und werden „künstlich" am Leben erhalten.
  - Subventionen sind leicht einzuführen, aber schwierig wieder abzuschaffen. Zudem fehlt häufig eine Erfolgskontrolle.
  - Subventionen werden von allen Steuerzahlern finanziert, unabhängig davon, ob sie davon profitieren oder nicht.
  - Die Haushaltsmittel könnten effizienter eingesetzt werden als für zu subventionierende Unternehmen.
  - Subventionen sind ungerecht, da Lobbygruppen auf die Verteilung Einfluss nehmen.

# Strukturpolitik

**Grundsätze der Strukturpolitik**

- Unternehmen müssen den Strukturwandel bewältigen, der Staat unterstützt bzw. erleichtert lediglich den Anpassungsprozess.
- Grundlage für das Eingreifen des Staates: **Art. 72. Abs. 2 GG** und **Art. 106, Abs. 3 (3) GG**: Bund muss für **„gleichwertige Lebensverhältnisse"** sorgen, zudem muss er soziale Härten abfedern.

Ziele

**Erhalt bestehender Strukturen**

**Anpassung vorhandener Strukturen** an Veränderungen **(Strukturwandel)**

**Veränderung vorhandener Strukturen** im Hinblick auf zu erwartende Wandlungsprozesse

**sektorale Strukturpolitik**
Förderung des Wachstums in einzelnen Sektoren und Branchen (insbesondere: Landwirtschaft, Wohnungsbau, Bergbau, Verkehr, Stromerzeugung, Schiffsbau, Luft- und Raumfahrt, Mikroelektronik)

**regionale Strukturpolitik**
Förderung des Wachstums in bestimmten Regionen (Regionen mit Entwicklungsrückstand; Grundlage: Gesetz 1969: Gemeinschaftsaufgabe Verbesserung der regionalen Wirtschaftsstruktur durch Bund und Länder)

Instrumente

- Subventionen, z.B. zum Erhalt bäuerlicher Familienbetriebe
- Technologie und Forschungsförderung, z.B. bei langfristigen und risikoreichen Vorhaben, die die Privatwirtschaft überfordern bzw. in Schlüsseltechnologien
- Arbeitsmarktpolitik

- Infrastrukturmaßnehmen (Bau von Flughäfen, Straßen, Schienen etc.)
- Förderung von Unternehmensgründungen

Träger: Bund, Länder, EU

## Sektorale Strukturpolitik: Begründung

- **Versorgungssicherheit**: Ziel, bei lebensnotwendigen Gütern nicht vollständig vom Außenhandel anhängig zu sein (politische, ökonomische Krisen), z. B.: Erhaltung der Landwirtschaft, die ohne Subventionen nicht wettbewerbsfähig wäre.

- **Zeitlich begrenzte Wettbewerbsschwierigkeiten**: Strukturelle Probleme können zeitlich bedingt sein (z. B. erhöhte Rohstoffpreise), was zu einem Niedergang einer Branche führen kann, die bei veränderten Bedingungen wieder konkurrenzfähig wäre.
  Gefahr: Die befristeten Subventionen entwickeln sich zu dauerhaften Erhaltungssubventionen (Subventionen mit Erhaltungscharakter, z. B. im Schiffsbau).

- **Anpassungshilfen für notwendige Umstellungen im Zuge des Strukturwandels**: Staatliche Anpassungshilfen, um z. B. Massenentlassungen entgegenzuwirken. Weitere Beispiele: Zuschüsse zu Verfahrens- und Produktinnovationen, aber auch Stilllegungsprämien.
  Gefahr: Anpassungshilfen entwickeln sich zu Erhaltungsinterventionen, insbesondere dann, wenn die Strukturpolitik nicht auf der Basis eines globalen Konzepts betrieben wird.

- **Ausgleich subventionsbedingter Wettbewerbsnachteile**: Werden Wirtschaftszweige im Ausland subventioniert, sind die inländischen Produkte nicht konkurrenzfähig und müssen ebenfalls subventioniert werden. Den gleichen Effekt hätten Einfuhrkontingente bzw. Zölle, sie sind jedoch gegenüber EU-Mitgliedern nicht zulässig.

- **Hohe Kosten für Forschung und Entwicklung**: Langfristige, risikoreiche und kostspielige, aber zukunftsträchtige Forschung und Entwicklung überfordert Unternehmen; soll diese im Inland stattfinden, muss der Staat Teile der Kosten übernehmen. Allerdings besteht die Gefahr von Mitnahmeeffekten (Nicht-Rivalität und Nicht-Ausschließbarkeit von Wissen).

## Solidaritätszuschlag – pro und kontra

- **Definition Solidaritätszuschlag (Soli)**: Er ist eine zusätzliche Abgabe, die 1991 befristet für ein Jahr eingeführt wurde, um Mehrbelastungen zu finanzieren, die z. B. durch den Golfkrieg, die Deutsche Einheit und die Unterstützung anderer europäischer Länder entstanden.
  - Der Soli wurde 1995 unbefristet zur Finanzierung der Kosten der Wiedervereinigung eingeführt; bis 1998: 7,5 % (seit 1998: 5,5 %) auf Einkommens-, Körperschafts- und Kapitalsteuer. Geringverdiener sind davon ganz bzw. teilweise ausgenommen.
  - Der Soli fließt dem Bund zu und ist nicht zweckgebunden; ein Teil davon wurde/wird für den Aufbau Ost verwendet.
  - Er wurde im Solidarpakt II (2005) den neuen Bundesländern bis 2019 zugesagt.
  - 2018 einigte sich die Große Koalition auf einen schrittweisen Abbau des Solis.
  - Seit dem 1.1.2021 wird er nur noch auf höhere Einkommen erhoben.

- **Pro Abschaffung**: Mangelnde Legitimation, rund 4/5 der Deutschen fordern die Abschaffung; Einnahmen aus dem Soli sind nicht zweckgebunden, werden jedoch als Mittel zur Finanzierung der Deutschen Einheit „verkauft"; es gibt sowohl in Ost als auch in West strukturschwache Gegenden, Solidaritätsbeiträge müssten allen Bedürftigen zukommen.

- **Kontra Abschaffung**: Solidarität ist ein Grundprinzip des gesellschaftlichen Zusammenhalts; nach wie vor gibt es strukturschwache Regionen in Deutschland. Ziel der Abschaffung wäre, untere und mittlere Einkommen zu entlasten. Im Widerspruch dazu steht, dass sie insbesondere den oberen Einkommensklassen dienen würde, denn von den insgesamt 17,6 Mrd. € werden fast 80 % vom reichsten Fünftel der Haushalte gezahlt. Der historisch vergleichsweise niedrige Spitzensteuersatz rechtfertigt keine weitere Entlastung der Spitzenverdiener. Geld für Investitionen würde durch die Abschaffung fehlen.

## Wirtschaftspolitische Zielsetzungen

- Festgelegt im **Stabilitätsgesetz** (StabG) von 1967, Ziele: **angemessenes und stetiges Wirtschaftswachstum, hoher Beschäftigungsgrad, stabiles Preisniveau, außenwirtschaftliches Gleichgewicht.**
  - **Hintergrund**: Konjunkturelle Schwankungen in den 1960er-Jahren, Folgen: rückläufiges Wachstum, Arbeitslosigkeit und die Forderung nach einer aktiven Wirtschaftspolitik.
  - Die Ziele werden als „**Magisches Viereck**" bezeichnet – magisch, da nicht alle Ziele gleichzeitig umsetzbar sind.
  - Die Ziele werden ergänzt durch die Erhaltung einer lebenswerten Umwelt, eine gerechte Einkommens- und Vermögensverteilung und eine Begrenzung der Staatsverschuldung. Dies zeigt, dass wirtschaftspolitische Ziele durch **gesellschaftspolitische Werturteile** bestimmt werden.

- Folgende Beziehungen bestehen zwischen den Zielen:
  - **Zielkomplementarität**: Ziele wirken harmonisch, d. h. die Erreichung eines Ziels fördert die Erreichung eines anderen Ziels.
  - **Zielneutralität**: Maßnahmen, die zum Erreichen eines Zieles getroffen werden, tangieren die anderen Ziele weder positiv noch negativ.
  - **Zielkonflikt**: Die Verwirklichung eines Ziels behindert die Verwirklichung der anderen Ziele, z. B. Wirtschaftswachstum versus Umweltschutz.

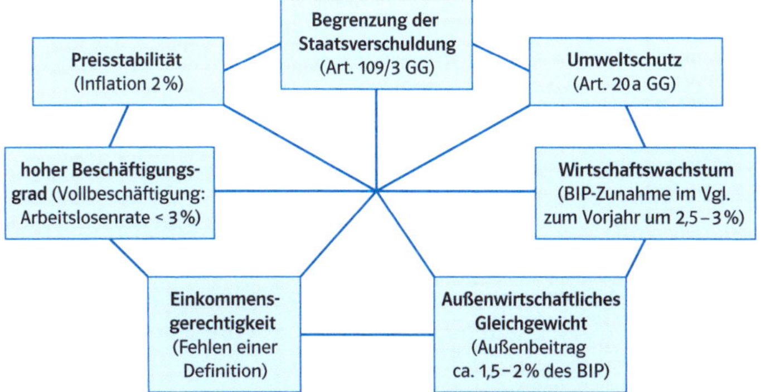

## Stetiges und angemessenes Wirtschaftswachstum

- Keine Definition von „angemessen" und „stetig" im StabG. Angenommen wird: stetig = gleichmäßige Entwicklung, Vermeidung konjunktureller Schwankungen von Wachstum/Beschäftigung; angemessen = Notwendigkeit eines angemessenen Wachstums für einen hohen Beschäftigungsgrad.

- Die **Änderungsrate des BIP** (Bruttoinlandsprodukt) gilt als Indikator für das Wirtschaftswachstum:
  - **BIP** = Marktwert aller für den Endverbraucher bestimmten Güter/Dienstleistungen, die innerhalb eines bestimmten Zeitabschnittes in einer Volkswirtschaft hergestellt werden.

    Berechnung Änderungsrate $\Delta_{BIP}\,[\text{in }\%] = \frac{BIP_{aktuell} - BIP_{Vorjahr}}{BIP_{Vorjahr}} \times 100$

  - **Reales** versus **nominales BIP**: Das reale BIP wird, im Gegensatz zum nominalen, unter Berücksichtigung von Inflation/Deflation berechnet. Die Bewertung sämtlicher Waren/Dienstleistungen erfolgt anhand definierter Preise und bezieht sich auf ein gewähltes Basisjahr.

    Berechnung reales BIP $[\text{in }\%] = \frac{BIP_{nominal}}{\text{Preisindex}} \times 100$

  - Politisch erwünscht ist ein Wachstum von **2,5 – 3 %** (im STabG gibt es hierfür jedoch keine quantitativen Anhaltspunkte; die Wirtschaftsweisen beraten die Politik diesbezüglich).

- **Bedeutung des Wirtschaftswachstums**: Erhöhung von Wohlstand und der Lebensbedingungen; Sicherung und Erhöhung des Arbeitsplatzangebots; erleichterte Umverteilung von Einkommen.

- **Bestimmungsfaktoren des Wachstums**: Da Ressourcen begrenzt sind, bleiben als entscheidende Bestimmungsgründe: **technisches Wissen** (wird durch den technischen Fortschritt vermehrt und durch Produkt- und Prozessinnovationen sichtbar) und der **Kapitalstock** (wird durch Investitionen vergrößert und erhöht die Produktionsmöglichkeiten, wodurch ein höheres BIP erzeugt werden kann).

## Bruttoinlandsprodukt als Wohlstandsindikator: Kritik

- **Positiv**: Es handelt sich beim BIP um einen international standardisierten Indikator, der sich für den Vergleich von Ländern eignet.
- **Kritik**: Im BIP finden keine Berücksichtigung:
  - Güter/Dienstleistungen, die **nicht auf Märkten** gehandelt werden (z.B. Freiwilligenarbeit, Familienarbeit);
  - die **steigende Komplexität und Qualität** von Gütern;
  - **Verschiebungen von Tätigkeiten** aus dem informellen (z.B. private Kinderbetreuung) in den formellen Sektor (z.B. Kinderhort), obwohl dieselbe Tätigkeit ausgeübt wird;
  - die **Einkommensverteilung**;
  - **negative Einflüsse/Auswirkungen** wie z.B. Umweltverschmutzungen oder die Ressourcenknappheit;
  - Kosten bei der Beseitigung von Umweltschäden oder Reparaturleistungen;
  - dass eine Zunahme des BIP nicht einer Zunahme des Wohlbefindens entsprechen muss, z.B. eine saubere Umwelt oder der gesellschaftliche Zusammenhalt werden nicht erfasst;
  - dass eine Steigerung des BIP bei der Lösung der gesellschaftlichen Herausforderungen, z.B. Klimawandel oder demografischer Wandel, nicht zwangsläufig hilfreich ist.
  - Zudem wird eine **Steigerung von Natur- und Humankapital** (wie Bildungs- und Gesundheitsausgaben) als Konsum und nicht als Investition in Humankapital gewertet.
- **Beispiele für alternative Indices**:
  - **Human Development Index (HDI)** der Vereinten Nationen: Kombination von Wirtschaftsleistung mit Daten zur Lebenserwartung bei Geburt und dem Bildungsniveau.
  - **Happy Planet Index (HPI)**: Kombination aus den Indikatoren Lebenszufriedenheit, Lebenserwartung und ökologischer Fußabdruck.

## Hoher Beschäftigungsstand

- Arbeitslosigkeit ist eine individuelle Belastung für Betroffene sowie für die Gesamtwirtschaft (ALG 1, Hartz IV, Steuermindereinnahmen des Staates, sinkende Binnennachfrage).

- Arbeitslos ist nach der amtlichen Statistik, wer
  - nicht in einem Beschäftigungsverhältnis steht oder weniger als 15 Stunden pro Woche arbeitet,
  - eine sozialversicherungspflichtige Beschäftigung sucht,
  - sich bei einer Agentur für Arbeit oder einem Jobcenter arbeitslos gemeldet hat.

- Arbeitslosenquote [in %] = $\frac{\text{registrierte Arbeitslose}}{\text{Erwerbspersonen}} \times 100$

- Als nicht arbeitslos gelten Teilnehmer an Maßnahmen der aktiven Arbeitsmarktpolitik sowie versteckt Arbeitslose (stille Reserve).

- Umfassender ist der Begriff „Erwerbslose“ der Internationalen Arbeitsorganisation (ILO).

- **Ursachen**:

| Ökonomische Faktoren | Individuelle Faktoren |
|---|---|
| - **strukturell**: nachhaltige Veränderung der Nachfrage aufgrund neuer Technologien<br>- **Schwankungen der Konjunktur** in der Volkswirtschaft oder in einzelnen Branchen<br>- **friktionell**: Sucharbeitslosigkeit, die durch den Wechsel des Arbeitsplatzes bedingt ist<br>- **saisonal**: bedingt durch jahreszeitliche Änderungen der Nachfrage | - **Mismatch**: Offene Stellen können aufgrund fehlender Qualifikation, mangelnder Mobilität/Flexibilität oder des Alters nicht besetzt werden.<br>- **geringer Anreiz** zur Arbeitsaufnahme aufgrund der sozialen Sicherungssysteme<br>- **Überangebot an Arbeitskräften** in bestimmten Branchen |

## Beschäftigungspolitik

- Die Beschäftigungspolitik verfolgt das Ziel, Maßnahmen der Wirtschaftspolitik so einzusetzen, dass Vollbeschäftigung erreicht und die **Arbeitslosigkeit abgebaut** wird. Man unterscheidet:

- **Nachfrageorientierte Beschäftigungspolitik** mit dem Ziel, die Nachfrage nach Erwerbspersonen zu erhöhen, z.B. durch
  - **konjunkturpolitische Maßnahmen** wie Steuer- und Zinssenkungen, Erhöhung der Staatsausgaben;
  - **angebotsorientierte Maßnahmen**, z.B. Förderung des Wettbewerbs durch Deregulierung (Ladenschlussgesetz), Liberalisierung des Arbeitsrechts (z.B. Kündigungsschutz);
  - **wachstumspolitische Maßnahmen** zur Verbesserung der internationalen Wettbewerbsfähigkeit, z.B. Förderung von Prozess- und Produktinnovationen; Förderungen im Bereich der Bildung/Qualifikation der Erwerbstätigen;
  - **strukturpolitische Maßnahmen**: Förderung des Strukturwandels;
  - eine **beschäftigungsorientierte Lohnpolitik**, z.B. durch eine Reduzierung der Lohnnebenkosten.

- **Angebotsorientierte Beschäftigungspolitik** mit dem Ziel, das Angebot an Arbeitskräften an die verfügbaren Arbeitsplätze anzupassen, z.B. durch
  - eine **Verkürzung der Erwerbslebensdauer**, z.B. spätes Eintreten ins Berufsleben (Ausbau der Schulbildung); Möglichkeiten der Fort- und Weiterbildung;
  - eine **wachstumsorientierte Einwanderungspolitik**: Integration bzw. Anreize zum Verbleib im Herkunftsland;
  - eine **Wanderungspolitik**: d.h. die Förderung der Arbeitskräftemobilität;
  - eine **Arbeitsmarkt- und Ausgleichspolitik** z.B. durch Berufsberatung und Arbeitsvermittlung, durch Maßnahmen der Qualifizierung und den **Einsatz neuer Such- und Vermittlungsstrategien** für Arbeitnehmer wie Arbeitgeber (Einsatz des Internets: Networking, Crowdworking/Crowdsourcing).

## Preisstabilität

- Das politische Ziel der Preisstabilität wurde in §1 des StabG von 1967 für die DM formuliert. In der Eurozone gilt das Ziel einer Inflationsrate von 2%. Negative und positive Abweichen von diesem Ziel sind nicht erwünscht.

- Die **Messung** der Inflationsrate in der BRD erfolgt über den **Verbraucherpreisindex**: Warenkorb mit gemäß ihrer Bedeutung gewichteten Waren/Dienstleistungen, die im Durchschnitt von den privaten Haushalten gekauft werden; Anpassung alle 5–7 Jahre.

- Ursachen **Angebotsinflation**:
  - **Kostendruckinflation**: Weitergabe der Kostensteigerungen aufgrund steigender Importgüterpreise, Lohnerhöhungen über dem Produktivitätszuwachs, Zinsen und Steuern an den Konsumenten über den Preis.
  - **Gewinndruckinflation**: Erhöhung des Gewinns über die Preissteigerungen, weil z.B. große Unternehmen ihre Marktmacht ausnutzen und Preiserhöhungen durchsetzen.

- Ursachen **Nachfrageinflation** – hausgemacht versus importiert:
  - **Hausgemacht**: Es besteht keine Möglichkeit der Ausdehnung der Produktion bei Vollbeschäftigung; eine überschüssige Güternachfrage bewirkt daher eine Preissteigerung (inflatorische Lücke/Angebotslücke).
  - **Hausgemacht**: Die **Überschussnachfrage** auf dem Arbeitsmarkt erleichtert es Gewerkschaften, Lohnerhöhungen in Höhe der Preissteigerung durchzusetzen, mit der Folge einer Fortsetzung der Inflation.
  - **Importiert**: Durch eine **Zunahme der Nachfrage** aus dem **Ausland** wird die **Inflation importiert** (z.B. aufgrund steigender Einkommen im Ausland).
    **Geldmengeninflation**: Zu einer Geldmengeninflation kommt es dann, wenn die Geldmenge nicht mit der Gütermenge bzw. dem BIP Schritt hält, sondern stärker ansteigt als der entsprechende Gegenwert.

- Die **Klassifikation** der Inflation erfolgt nach der **Stärke der Geldentwertung**. Sie ist **schleichend** bei jährlichen Preissteigerungen von unter 5%, **trabend** bei einer Inflationsrate zwischen 10 und 20% und **galoppierend** bei einer Inflationsrate von über 20%. Von einer **Hyperinflation** spricht man bei Inflationsraten von mindestens 50%.

- Eine Klassifikation kann auch nach der Erkennbarkeit der Inflation erfolgen:
  - **Offene Inflation**: Die Steigerung des allgemeinen Preisniveaus ist für jeden erkennbar.
  - **Versteckte Inflation**: Die Steigerung des allgemeinen Preisniveaus ist nicht für jeden sofort erkennbar, da das Preisniveau durch staatliche Eingriffe in die Preisbildung (z.B. Bezugsscheine) stabil gehalten wird.

- **Profiteure von Inflationen**: Private und öffentliche Schuldner; Besitzer von Sachwerten.

- **Verlierer bei Inflationen**: Gläubiger, Importeure, Bezieher fester Einkommen (z.B. Rentner, Arbeitslose), Sparer, Geldvermögensbesitzer; diejenigen, die von der kalten Progression betroffen sind (Steuermehrbelastung, die entsteht, wenn die Einkommenssteuersätze nicht an die Inflation angepasst sind).

- **Gefühlte Inflation**: Die Preissteigerung wird bei Produkten des alltäglichen Konsums stärker wahrgenommen, was aber nicht der anhand des Warenkorbs gemessenen Inflation entsprechen muss.

- **Definition Deflation**: Bezeichnet einen Prozess des stetigen Rückgangs des Preisniveaus; sehr selten (z.B. Deflation in Deutschland 1929 im Zuge der Weltwirtschaftskrise; 2009 aufgrund der sinkenden Preise für Benzin und Heizöl).

- **Definition Stagflation**: Bezeichnet eine Preissteigerung bei wirtschaftlicher Stagnation und Unterbeschäftigung.

## Außenwirtschaftliches Gleichgewicht

- Das außenwirtschaftliche Gleichgewicht bezieht sich auf den Ausgleich des **Außenbeitrags** bzw. der **Leistungsbilanz**. Es liegt vor, wenn die vom Ausland empfangenen Zahlungseingänge den ins Ausland geflossenen Zahlungsausgängen innerhalb einer Periode entsprechen.
- Der Indikator hierfür ist die **Außenbeitragsquote**. Berechnung:

$$\frac{\text{Export von Gütern und Dienstleistungen} - \text{Import von Gütern und Dienstleistungen}}{\text{nominales BIP}}$$

- **Leistungsbilanz**:
  - Sie ist Teil der **Zahlungsbilanz**, die immer ausgeglichen ist und den Umfang der wirtschaftlichen Verflechtung eines Landes und seine Zahlungsfähigkeit angibt. Zudem ist sie ein Indikator für die Standortqualität.
  - Sie beinhaltet eine Gegenüberstellung aller **ökonomischen Transaktionen** (Güter- und Finanzströme) zwischen Inländern und Ausländern innerhalb einer bestimmten Periode.
  - Sie verfügt über folgende **Unterbilanzen**: die Handelsbilanz für den Warenverkehr, die Dienstleistungsbilanz, die Bilanz der Erwerbs- und Vermögenseinkommen und die Bilanz der laufenden Übertragungen (Vermögenstitel, Kapitaltransaktionen).
  - Ein **Leistungsbilanzdefizit (-überschuss)** entsteht, wenn der Warenimport (-export) größer ist als der Warenexport (-import).
- **Positive Aspekte eines Leistungsbilanzüberschusses** (mit spiegelbildlichen Konsequenzen eines Leistungsbilanzdefizits):
  - Ein Leistungsbilanzüberschuss führt zum **Vermögensaufbau gegenüber dem Ausland** in Form von Aktien, Staatsanleihen, Forderungen etc. Aus Vermögensbeteiligungen folgt Einkommen (z. B. Dividenden, Zinseinnahmen) und dadurch steigende Konsummöglichkeiten.

  - Er hat positive **Auswirkungen auf den Arbeitsmarkt**, da mehr Güter im Land produziert werden. Würden nur Güter für das eigene Land hergestellt, fielen Arbeitsplätze weg, mit negativen Auswirkungen für die öffentlichen Kassen (weniger Steuereinnahmen/erhöhte Sozialleistungen).
  - Die Nachfrage nach Investitionsgütern ist insbesondere in Schwellenländern hoch und leistet dort einen Beitrag zu langfristigem Wohlstand.

- **Negative Aspekte**:
  - Es besteht eine Abhängigkeit von konjunkturellen Schwankungen im Ausland sowie eine Abhängigkeit von der Wertstabilität der ausländischen Währung (Währungsverfall mit Verlusten).
  - Ein Einnahmenüberschuss führt zur Erhöhung der Geldmenge im Land und somit zur Inflation (importierte Inflation).

- Mithilfe der Zahlungsbilanzpolitik soll das Zahlungsbilanzgleichgewicht erreicht und gesichert werden.

- Deutschland (neben China, Japan und Russland) gehört zu den Ländern mit den größten Leistungsbilanzüberschüssen; die USA ist das Land mit dem größten Defizit.

- **Ursachen in Deutschland**: Stagnierende Binnennachfrage; günstige Entwicklung der Lohnstückkosten im Vergleich zum Ausland und dadurch eine höhere Wettbewerbsfähigkeit der Produkte; Mitgliedschaft in der Währungsunion, wodurch keine Aufwertung der deutschen Währung möglich ist.

## Nachhaltige Entwicklung (Sustainable Development)

- Der Begriff bezeichnet eine Wirtschaftsform, die gegenwärtige Bedürfnisse befriedigt, ohne jene anderer und zukünftiger Menschen zu beeinträchtigen (**intra- und intergenerative Gerechtigkeit**).

- Die nachhaltige Entwicklung wird oft als **Drei-Säulen-Modell** dargestellt. 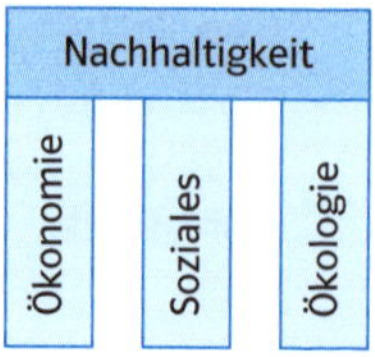
  - **Ökonomie**: Lang- und nicht kurzfristig angelegtes Wirtschaften, nicht „über die Verhältnisse leben".
  - **Soziales**: Soziale Spannungen reduzieren, Konflikte gewaltfrei austragen.
  - **Ökologie**: Nutzung natürlicher Lebensgrundlagen nur in dem Maße, wie sie sich regenerieren können; kein Raubbau an der Natur.

Nachhaltigkeit
Ökonomie | Soziales | Ökologie

- **1992 UN-Konferenz Rio de Janeiro:**
  - Nachhaltigkeit als zentrales politisches Ziel und Leitprinzip der Politik. Der Beschluss der **Agenda 21** (Programm für die globale nachhaltige Entwicklung) basiert auf der Erkenntnis, dass Umweltschutz nur in Verbindung mit sozialen und ökonomischen Ansätzen sinnvoll sei.

- **Wichtige Meilensteine ab 1997:**
  - **1997 Vertrag von Amsterdam:** Die EU benennt explizit die drei Säulen der Nachhaltigkeit: Naturerbe, wirtschaftliche Errungenschaften, soziale und gesellschaftliche Leistungen, z. B. demokratische Strukturen oder eine gerechte Einkommensverteilung.
  - **1997 Kyoto-Protokoll**: Rechtsverbindliche Begrenzungs- und Verringerungsverpflichtungen für die Industrieländer.
  - **2015 Abkommen Pariser Klimakonferenz**: Begrenzung der globalen Erwärmung auf deutlich unter 2 °C, möglichst 1,5 °C.
  - **2018 Kattowitz**: Festlegung und Umsetzung von überprüfbaren Normen durch die Möglichkeit des Anprangerns von Ländern, die die Ziele nicht erreichen („Naming and Shaming").
  - **2021 Glasgow:** Aufruf zur Verringerung der Kohlenutzung, Begrenzung der Erderwärmung auf 1,5 °C.

## Gerechtes Einkommen

- Die Einkommensgerechtigkeit ist eine Form der Verteilungsgerechtigkeit. Es gibt unterschiedliche Vorstellungen, wonach sich die Verteilung der Güter und Ressourcen richten soll:
  1. **Leistungsgerechtigkeit**: Jeder soll insoweit vom gesellschaftlichen Wohlstand profitieren, wie er auch dazu beigetragen hat. Gleiche Leistungen werden gleich, ungleiche Leistungen ungleich entlohnt.
  2. **Materielle Ergebnisgerechtigkeit**: Alle erhalten vom Staat den gleichen materiellen Betrag.
  3. **Bedarfsgerechtigkeit**: Diese herrscht, wenn die Grundbedürfnisse der Menschen gesichert sind.
  4. **Chancengerechtigkeit**: Gleiche Startbedingungen werden für alle geschaffen und jeder soll die Chance haben, seine Lebenssituation durch eigene Bemühungen zu verbessern.
  5. **Teilhabegerechtigkeit**: Das Ziel ist die gesellschaftliche Teilnahme am sozialen, kulturellen und ökonomischen Leben (durch rechtliche Gleichstellung, soziale Anerkennung und Beteiligung).
  6. **Einkommens- oder Verteilungsgerechtigkeit**: Einkommen und Vermögen sollen möglichst gleichmäßig verteilt sein. Ein Indikator dafür ist der **Gini-Koeffizient bzw. Gini-Index** (→ S. 156), der den Grad an Ungleichheit der Einkommensverteilung nach dem häuslichen Pro-Kopf-Einkommen in einem Land/einer Region misst.

- Die Vorstellungen von Gerechtigkeit, wie sie in 1–3 formuliert werden, stehen oft im Widerspruch zueinander. Punkt 4 ist die Voraussetzung für die Leistungs- und Ergebnisgerechtigkeit. Sind die Startbedingungen gleich, dann ist die potenzielle Ungleichheit aufgrund von Leistungsunterschieden gerecht.

- In Deutschland verfügen die reichsten 10 % der Bevölkerung über ca. 60 % des Haushaltsvermögens. Der OECD-Schnitt liegt bei 50 %. Auf die ärmsten 60 % entfallen dagegen 6 % des Hausvermögens (Sozialbericht der OECD 2015).

## Staatsverschuldung

- **Definition Staatshaushalt**: Der Staatshaushalt bezeichnet den Haushalt bzw. den Haushaltsplan einer staatlichen Gebietskörperschaft (Bund, Land). In der BRD wird er für den Bund vom Bundestag in einem Haushaltsgesetz verabschiedet.

- Ursachen für die staatliche Schuldenaufnahme sind:
  - durch **kurzfristige Zahlungsunfähigkeiten** und deren Sicherung (z.B. bei falschen Steuerschätzungen) bedingt;
  - **konjunkturell** bedingt und erfolgen nach der antizyklischen Finanzpolitik nach Keynes (deficit spending) → S. 117;
  - **strukturell** bedingt, wie z.B. die anhaltende Finanzierungslücke aufgrund der Demografie oder der deutschen Einheit;
  - durch „**politische Ausgaben**" bedingt, z.B. für Wahlkampfgeschenke, die Banken- oder die Euro-Rettung.

- **Wichtige Begriffe**:
  - **Neuverschuldung** = bezeichnet die jährlich aufgenommenen Kredite.
  - Die **Gesamtverschuldung** bezeichnet den Schuldenstand aller öffentlichen Haushalte.
  - **Bruttokreditaufnahme** meint die Gesamtsumme der Kredite in einem Haushaltsjahr.
  - **Nettokreditaufnahme** bezeichnet die Differenz zwischen der Aufnahme neuer Kredite und der Tilgung bestehender Schulden innerhalb einer Periode.
  - „**Schwarze Null**" bezeichnet einen ausgeglichenen öffentlichen Haushalt. In Deutschland gab es z.B. von 2014 bis 2019 keine Schuldenaufnahme des Bundes mehr.
  - Die **Schuldenbremse** ist eine verfassungsrechtliche Regelung von 2009 zur Begrenzung der Staatsverschuldung (Art. 115 (1) GG). Die Nettokreditaufnahme des Bundes darf seit 2016 maximal 0,35% des BIP betragen, die Länder dürfen ab 2020 keine Schulden mehr machen. Eine Kreditaufnahme erfordert eine gesetzliche Ermächtigung. Ausnahme: Störung des gesamtwirtschaftlichen Gleichgewichts. Wegen der Corona-Pandemie und des Ukrainekrieges wurde die geplante Schuldenbremse ab 2020 ausgesetzt.

## Staatsverschuldung: die Schwarze Null

- **Argumente für eine Haushaltskonsolidierung:**
  - **Einhaltung des Stabilitäts- und Wachstumspakts der EWU:** Gesamtverschuldung max. 60 % des BIP; Neuverschuldung max. 3 % des BIP.

    $$\text{Schuldenstandquote [in \%]} = \frac{\text{Schuldenstand}}{\text{nominales BIP}} \times 100$$

    Deutschland 2019: 58,9 %; 2020: 68,7 %; 2021: 69 %; 2022: 66,1 %; 2023: 63,7 %
  - Die **Kosten des demografischen Wandels** sind nur mit soliden Staatsfinanzen aufzubringen.
  - **Intergenerationale Gerechtigkeit:** Heutige Kredite sind Schulden und Steuern der Zukunft.
  - Investitionen sind bei sich positiv entwickelnden **Steuereinnahmen finanzierbar.**
  - **Inflationsgefahr**, da durch die Kreditaufnahme eine Ausweitung der Geldmenge stattfindet.
  - Gefahr des **Crowding-Out-Effekts**, d.h. der Verdrängung privatwirtschaftlicher Tätigkeiten durch den Staat.
  - Die hohe Zinsausgabenquote übertrifft den Staatsanteil für Sachinvestitionen.
  - **Vorbildfunktion** für andere europäische Staaten.

- **Argumente gegen die Haushaltskonsolidierung:**
  - Die **Austeritätspolitik** (= strenge staatliche Haushaltspolitik) führt zu **falschen Einsparungen** bei Bildung und Forschung.
  - Investitionen dienen der **Abfederung konjunktureller Schwankungen** und der **Ankurbelung des Konsums.**
  - Niedrige Kreditzinsen sind eine Chance, den **Investitionsstau** in der **Infrastruktur zu beheben.**
  - Der kommunale Abbau von Personal und die Privatisierung sind nicht mehr sinnvoll, wenn dadurch wichtige Aufgaben nicht mehr erfüllt werden können.

# Lohnstückkosten

- **Definition Lohnstückkosten**: Lohnstückkosten drücken das Verhältnis der Arbeitskosten (Lohn und Lohnnebenkosten) zu einer bestimmten Leistungseinheit (z. B. ein Produkt oder eine Dienstleistung) aus.

- Unterschieden wird zwischen Lohnstückkosten aus **volkswirtschaftlicher** und **betriebswirtschaftlicher Sicht**.

- **Die betriebswirtschaftliche Sichtweise**:
  - Lohnstückkosten geben als Kennzahl Aufschluss über die Leistungsfähigkeit eines Einzelnen bzw. des Unternehmens.
  - Berechnung: $\frac{\text{gesamte Lohnkosten}}{\text{Anzahl der erstellten Einheiten}}$
  - Niedrige Lohnstückkosten erhöhen die Wettbewerbsfähigkeit.

- **Die volkswirtschaftliche Sichtweise**:
  - Lohnstückkosten dienen als Indikator für die Wettbewerbsfähigkeit und sind bei der Standortwahl mitentscheidend: Niedrige Lohnstückkosten bedeuten eine starke Wettbewerbsfähigkeit. Hierbei ist jedoch zu berücksichtigen, dass sie weder die Produktqualität noch die Kapitalkosten berücksichtigen.
  - Hohe Arbeitskosten können durch eine hohe Produktivität ausgeglichen werden, z. B. Niedriglohnländer, geringere Lohnkosten und geringere Produktivität.
  - In Deutschland liegt eine hohe Produktivität vor, die jedoch durch hohe Lohnkosten beeinträchtigt wird.

- Einflussfaktoren Produktivität und Höhe der Löhne:
  - Eine steigende Produktivität führt zu geringeren Lohnstückkosten, ebenso wie sinkende Löhne.
  - Direktinvestitionen in Niedriglohnländer ermöglichen niedrige Lohnstückkosten.
  - Niedrige Lohnkosten können auch durch den Einsatz von Maschinen anstelle von Menschen erfolgen.

## Wirtschaftsstandort Deutschland – Stärken und Schwächen

- **Definition Standort**: Der Standort ist ein geografischer Ort (Stadt/Region/Länder/Blöcke wie die EU), in dem Unternehmen Güter herstellen bzw. verkaufen.
- **Definition Standortfaktor**: Standortfaktoren sind die für einen Standort maßgeblichen Merkmale, die die **Attraktivität** eines Ortes für ein Unternehmen bestimmen. Sie lassen sich in **harte** (messbare Strukturdaten, z. B. Infrastruktur) und **weiche** Standortfaktoren (geprägt von subjektiven Einschätzungen, z. B. Image einer Region) unterteilen.
- Stärken und Schwächen des Wirtschaftsstandorts Deutschland:

| Stärken | Schwächen |
|---|---|
| – geografische Lage<br>– gute Erreichbarkeit innerhalb Europas<br>– hohes Qualifikationsniveau<br>– politisch/rechtlich sicheres Land<br>– attraktiver Binnenmarkt<br>– Zusammenarbeit zwischen Universitäten und Unternehmen<br>– hohe Lebensqualität<br>– lokale Netzwerke, Know-how-Cluster (z. B. in der Automobil- und Zuliefererindustrie); Transport-, Logistik- sowie Telekommunikationsinfrastruktur | – hohe Arbeitskosten im internationalen Vergleich<br>– hohe Steuerbelastungen und kompliziertes Steuersystem<br>– starke Reglementierung des Arbeitsmarktes<br>– schwache Binnennachfrage<br>– zu geringe Möglichkeiten der Risikokapitalfinanzierung<br>– teilweise geringere Wochenarbeitszeiten/zahlreiche Feiertage → geringere Arbeitsleistung<br>– Stand der Digitalisierung<br>– Arbeitskräftemangel |

- **Zukunftsfähigkeit Deutschlands: aktuelle Probleme**
  - Die Großbanken (z. B. Deutsche Bank) zählen international nicht mehr zur ersten Liga. Die Automobilbranche, verantwortlich für über die Hälfte des Exportüberschusses, muss die Transformation zur E-Mobilität bewältigen.
  - Duale Volkswirtschaft, erfolgreiche Sektoren (z. B. Maschinenbau) stehen eher schwachen gegenüber (z. B. Dienstleistungsbereich).

## Wirtschaftsstandort Deutschland in Zahlen

- **Internationaler Vergleich**:
  - Höchstes BIP (2023: 4121 Mrd. €), höchste Einwohnerzahl in Europa: zentrale Bedeutung als wichtigster Markt.
  - Viele Jahre Exportweltmeister, seit 2009/10: Platz 3 hinter USA und China. 2023: Export: 1562 Mrd. €; Import: 1352,6 Mrd. €.
  - Anteil Deutschlands am Welthandel (Warenexporte und -importe) 2022: 6,4 %, obwohl hier nur ca. 1,1 % der Weltbevölkerung leben.
- **Wirtschaftliche Stellung**:
  - Starke Exportorientierung und Abhängigkeit, rund 27 % der Arbeitsplätze hängen vom Export ab; Exportquote 23: 38,6 %.
  - Kontinuierlicher Anstieg des asiatischen Anteils (v. a. China).
  - Wichtigster Exportpartner 2023: USA, vor Frankreich, Niederlande und China; wichtigster Importpartner 2023: China vor Niederlande und den USA; Austausch vor allem mit den Industrieländern (intra-industrieller Handel).
  - Exportgüter: vier Warengruppen machen über 50 % aus (Kraftwagen(teile), Maschinen, chemische Erzeugnisse, Datenverarbeitungsgeräte).
  - Große Importabhängigkeit bei Rohstoffen.
- **Bankensektor**: **Drei-Säulen-Modell** (Sparkassen, Genossenschaften und private Institute), overbanked = Überkapazitäten.
- **These der Basarökonomie nach Hans-Werner Sinn**:
  - Rückgang der Fertigungstiefe (= Anteil der Eigenfertigung) in der BRD, Anstieg der Vorleistungen des Auslandes, Folge: Rückgang der Wertschöpfung. Die Stärke der Exportwirtschaft kann den Verlust von Arbeitsplätzen bedeuten.
  - **Kritik an der These**: Die Wertschöpfung pro Exporteinheit ist zwar gesunken, die Stückzahl hat jedoch so stark zugenommen, dass die inländische Wertschöpfung im Export gestiegen ist. Die Basarökonomie kann auch als gelungenes Beispiel für die internationale Arbeitsteilung gesehen werden.

# Mindestlohn

- **Definition Mindestlohn**: Er ist eine in der Höhe durch eine gesetzliche Regelung festgeschriebene Untergrenze für Einkommen aus Arbeit. Der gesetzliche Mindestlohn wurde in Deutschland 2019 eingeführt. Er beträgt seit dem Januar 2024 12,41 € brutto je Stunde.

| Pro Mindestlohn | Kontra Mindestlohn |
|---|---|
| – Existenzsicherung der Arbeitenden (Reduzierung der „Working Poor" und Sicherstellen von sozialer Gerechtigkeit)<br>– weniger Sozialtransfer aus öffentlichen Kassen<br>– wirkt Lohndumping entgegen<br>– kann Schwarzarbeit verhindern, da Arbeitnehmer dank Mindestlohn mehr verdient<br>– kurbelt Binnennachfrage an<br>– gleicht Wettbewerbsbedingungen der Betriebe an<br>– fördert Motivation und Produktivität<br>– Der Mindestlohn ist bereits in 22 EU-Staaten eingeführt. | – Problem der Festlegung des Mindestlohnsatzes (Diskrepanz zwischen wirtschaftlich vernünftiger und sozialpolitisch gebotener Lohnhöhe)<br>– Gefahr der Zunahme von Schwarzarbeit aufgrund der steigenden Kosten für Arbeitgeber<br>– Preissteigerungen<br>– Eingriff in die Vertragsfreiheit und Tarifautonomie (bei gesetzlicher Losung)<br>– Höhe des Mindestlohnes in Abhängigkeit der gewerkschaftlichen Macht (bei Tarifvertragslösung)<br>– mehr Bürokratie durch Kontrollen |

- Wirkung von Mindestlöhnen nach der klassischen Theorie:

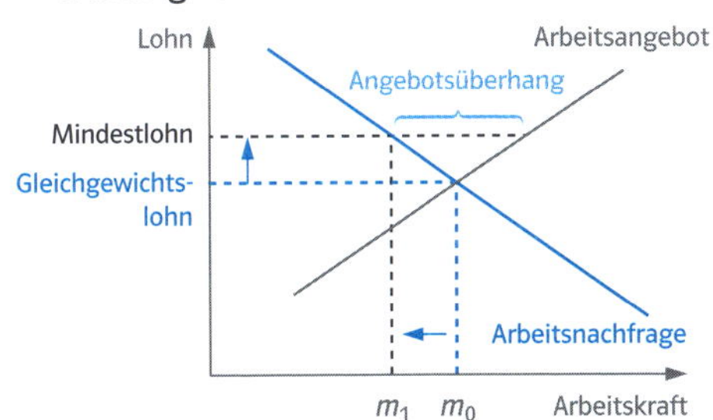


Bei der Einführung von Mindestlohn steigt die Zahl der Personen, die ihre Arbeitskraft anbieten; die Nachfrage nach Arbeitskräften sinkt (von $m_0$ auf $m_1$), Folge: Arbeitslosigkeit entsteht.

## Bedingungsloses Grundeinkommen (BGE)

- **Definition BGE**: Einkommen, das jeder bedingungslos, unabhängig von seinen Einkommensverhältnissen erhält.
  - Das BGE steht im Gegensatz zum Leistungsprinzip des derzeitigen Sozialsystems, d.h. die Zahlung einer Grundsicherung ist aktuell an die Arbeitsbereitschaft geknüpft und unterliegt der staatlichen Kontrolle.

- Aktuell werden unterschiedliche Modelle diskutiert, z.B.:
  - **Thomas Straubhaar/Dieter Althaus**: Solidarisches Bürgergeld: Zahlung von 600 € pro Person (Kinder 300 €); Ergänzung des Betrags durch 200 € Kranken- u. Pflegeversicherung; Zahlung eines Bürgergeldzuschlags bei besonderen Härten, Zusatzrente ab 67. Finanzierung über das Konzept der **negativen Einkommenssteuer**: direkte Verrechnung des Betrags des Bürgergeldes mit der Einkommenssteuer; Verringerung des Betrags bei Erzielung eines eigenen Einkommens. Ab einer bestimmten Grenze Beginn der „positiven Einkommenssteuer" und somit der steuerlichen Belastung; zudem: Streichung aller bisherigen Sozialleistungen; vollständige Deregulierung des Arbeitsmarktes.
  - **Emanzipatorisches Grundeinkommen** (Solidarisches Bürgergeld): Höhe entspricht der Hälfte des Volkseinkommens; Finanzierung über Steuererhöhungen bei hohen Einkommen und Vermögen sowie eine Grundeinkommensabgabe und der Wegfall einiger Sozialleistungen (z.B. Kinder- und Erziehungsgeld); Umgestaltung der Arbeitslosen-, Pflege-, Kranken- und Rentenversicherungen (solidarische gesetzliche Bürgerversicherung).
  - **Götz Werner**: **Grundeinkommen und Konsumsteuer**: Abschaffung der Einkommens- und Lohnsteuer zugunsten einer Konsumsteuer (z.B. Mehrwertsteuer), also Besteuerung von Ausgaben und nicht von Einkommen/Leistungen. Auflösung des gesetzlichen Sozialversicherungssystems; Auszahlung eines Grundeinkommens (Diskussionsgrundlage 1000 €), das das Existenzminimum decken soll und eine kulturelle Teilhabe ermöglicht. Finanzierung: Mehrwertsteuer von 50 % auf alle Waren und Dienstleistungen.

## Bedingungsloses Grundeinkommen – pro und kontra

- **Pro bedingungsloses Grundeinkommen:**
  - Es führt zur Verringerung von Bürokratie und zur Abschaffung von Kontrollen, die von Hartz-IV-Empfängern oftmals als Gängelungen bezeichnet werden.
  - Es führt zur Würdigung jeglicher Arbeit (z. B. Kindererziehung, Pflege von Angehörigen).
  - Da der Zustand der Vollbeschäftigung nicht immer erreicht werden kann, sollte eine menschenwürdige Existenz auch ohne Arbeit möglich sein.
  - Das BGE bietet Menschen die Möglichkeit, sich kreativ zu entfalten bzw. die Möglichkeit zur Existenzgründung, also zu vermehrtem Unternehmertum, da es Menschen von der Angst des finanziellen Scheiterns befreit.
  - Das Mehr an Freizeit durch das BGE könnte zu einer Zunahme ehrenamtlicher Betätigungen führen.

- **Kontra bedingungsloses Grundeinkommen:**
  - Gegen das BGE spricht z. B. die öffentliche Meinung, wie sie z. B. in der Schweiz zu Tage trat: Dort sprachen sich z. B. 2016 78 % gegen die Einführung des BGE aus.
  - Wenn das Geld nach dem Gießkannenprinzip auf alle Menschen verteilt wird, auch an diejenigen, die darauf nicht angewiesen sind, erscheint dies nicht gerecht zu sein.
  - Wenn Sozialleistungen abgeschafft werden (z. B. Schuldner/Drogenberatung), die besonders auch sozial Schwächere benötigen, entzieht sich der Staat seiner Verantwortung.
  - Entschließen sich mehr Menschen dazu, nicht zu arbeiten, führt dies zu sinkenden Einkommenssteuereinnahmen.
  - Es besteht die Gefahr, dass insbesondere schwere und „dreckige" Arbeit von keinem mehr übernommen wird.
  - Soziale Maßnahmen würden abgeschafft werden, wenn diese durch das BGE ersetzt werden, was soziale Härten verschärfen könnte.

## Funktionen von Bargeld

- Bargeld erfüllt die folgenden Funktionen:
  - **Wertaufbewahrungsmittel**: Es kann gespart werden, denn der Gelderwerb und die Ausgabe müssen nicht zum gleichen Zeitpunkt stattfinden.
  - **Recheneinheit**: Durch Geld können Preise ausgedrückt und Schulden aufgezeichnet werden. Es gilt als Bezugsgröße und zum Vergleich.
  - **Tauschmittel/Zahlungsmittel**: Geld wird verwendet, um Käufe und Verkäufe durchzuführen; es erleichtert den Handel – der Tausch von Ware gegen Ware ist komplizierter.

- Geld liegt vor als **Nominalgeld** („Geld ohne inneren Wert", Geld wird durch den aufgedruckten Betrag bestimmt, z. B. Euroscheine) und als **Warengeld** („Geld mit innerem Wert", z. B. Gold).

- Schweden möchte bis 2030 bargeldlos sein. Was spricht für und was gegen die Abschaffung von Bargeld?
  - **Pro**: **Kostenersparnis** (Geldtransporter, Tresore …); **Steuerhinterziehungen** werden erschwert (keine Barzahlungen mehr an der Steuer vorbei); insbesondere große Scheine finden hauptsächlich Verwendung für **illegale Geschäfte**. Im Alltag **kein Zeitverlust** durch Suchen an den Ladenkassen und defekte Kassen; Bargeld nimmt Platz weg, ist **schwer** und erscheint angesichts der heutigen Technik, z. B. Smartphones und Internet, als **altmodisch**.
  - **Kontra**: Bargeld bedeutet **Anonymität** und ist ein **Kulturgut**. Seine Abschaffung würde die **Macht der Banken steigern**, da bei ihnen das gesamte Geld liegt. Sicherheitsaspekte: Cyberangriffe, Stromausfall; **online-basierte Bezahlverfahren** erhöhen die **Abhängigkeit** von einem **mobilen Endgerät**; Bargeld als einzig gesetzliches Zahlungsmittel, das nicht abgelehnt werden darf; Zahlungsdienste verlangen **Gebühren für Transaktionen**; Bargeld verhindert negative Zinsen, die das Vermögen der Bürger schrumpfen lassen.

## Konjunktur

- **Definition Konjunktur**: Bezeichnung für regelmäßige und unregelmäßige Schwankungen der für die Gesamtwirtschaft wichtigen Größen wie Produktion, Beschäftigung und Preise.

- **Messung über Konjunkturindikatoren**, die sich unterteilen lassen in **Früh-** (z. B. Geschäftsklimaindex, Auftragseingänge), **Präsens-** (z. B. Handelsbilanz, Produktionsindex) und **Spätindikatoren** (z. B. BIP, Preisindex). Beachte: Die Auswahl, Erhebung, Gewichtung und Zuordnung der Indikatoren ist nicht allgemeingültig.

- **Konjunkturschwankungen** werden unterteilt in
  - **strukturelle**: vgl. Kondratjew-Zyklen → S. 46, 50 – 60 Jahre,
  - **konjunkturelle**: mittelfristige Wirtschaftsschwankungen, Zyklendauer 4 – 8 Jahre,
  - **saisonale**: kurzfristige Wirtschaftsschwankungen; jahreszeitlich, jährlich wiederkehrend, z. B. Abhängigkeit des Baugeschäftes oder der Landwirtschaft von der Wetterlage.

- **Idealtypische Phasen** eines **Konjunkturzyklus**: **Konjunkturaufschwung** (Zunahme der Auslastungsquote des Produktionspotenzials), **Boomphase** (Überschreitung der Normalauslastung, Produktionsengpässe, Kosten- und Preissteigerung), **Konjunkturabschwung** (sinkende Kapazitätsauslastung), **Rezession** (Unterauslastung der Kapazität durch eine sinkende Nachfrage, negative Entwicklung der **Beschäftigung**).

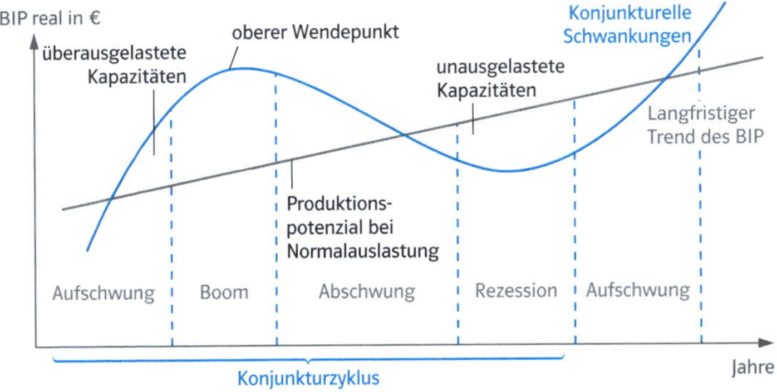

## Ursachen der Konjunkturschwankungen

- **Definition Konjunkturschwankungen**: Die wellenmäßigen Bewegungen der wirtschaftlichen Entwicklung werden als Konjunkturschwankungen bezeichnet. Sie lassen sich Abschnitten bzw. Phasen zuteilen: Aufschwung, Boom, Abschwung, Rezession (→ S. 46).

- **Konjunkturtheorien** beschäftigen sich mit den Ursachen und Folgen der Konjunktur. Sie erklären konjunkturelle Schwankungen meist **multikausal**, d.h. durch das Zusammenwirken unterschiedlicher Faktoren, und unterteilen die Ursachen in **endogene** Ursachen (die Schwankungen liegen im Wirtschaftssystem) und **exogene** (außerwirtschaftliche Einflüsse).
  - **Monetäre Theorie** (endogen): **Veränderungen der Geldmenge und Zinsveränderungen**; **Kreditexpansionen** führen zum **Aufschwung** (Senkung des Leitzinses → vermehrte Kreditaufnahmen → Investitionen → Aufschwung), die Beendigung der Kreditexpansion führt zum Abschwung → S. 46).
  - **Überinvestitionstheorie** (endogen): **Nachfrage nach Konsumgütern**; die Rezession wird dadurch erklärt, dass Unternehmer in (erwarteten) Aufschwungphasen übermäßig investieren; Produktionskapazitäten liegen über der Konsumnachfrage; der Abschwung wird durch den Abbau von Überkapazitäten eingeleitet.
  - **Unterkonsumtionstheorie** (endogen): **Unzureichende Nachfrage** nach Konsumgütern, auch Übersparen genannt, da Einkommen gespart wird und nur zu einem kleinen Teil für Konsumgüter ausgegeben wird → Ungleichgewicht zwischen Produktion und Absatz; der Absatz bleibt hinter den Produktions- und Absatzmöglichkeiten zurück. Eine weitere Ursache ist, dass Löhne/Gehälter nicht im gleichen Maße steigen wie Güterpreise (fehlende Kaufkraft durch die Haushalte).
  - **Exogene (außerwirtschaftliche) Theorie**: Erklärungsfaktoren sind hier z.B. Naturkatastrophen, Kriege, Entdeckung neuer Rohstoffe, Erfindungen, Zukunftserwartungen (optimistische wie pessimistische).

# Nachfrageorientierte Wettbewerbspolitik nach John Maynard Keynes (1883–1946)

- **Definition nachfrageorientierte Wettbewerbspolitik**: Diese umfasst Maßnahmen der Wirtschaftspolitik, die auf der Nachfrageseite ansetzen.

- **Zentrale Annahmen nach Keynes**, Ansatz kurz bis mittelfristig:
  - Krisen sind konjunkturell bedingt.
  - Die gesamtwirtschaftliche Nachfrage bestimmt die Konjunktur und den Arbeitsmarkt.
  - Der Markt kann sich bei sinkender Nachfrage nicht selbst aus einem wirtschaftlichen Ungleichgewicht befreien → Eingriffe des Staates in den Wirtschaftsprozess sind notwendig.
  - Staatseingriffe erfolgen **antizyklisch**: In der Abschwungphase belebt der Staat kreditfinanziert die Wirtschaft (höhere Ausgaben), in Zeiten des Booms dämpft der Staat die Nachfrage und gleicht das Defizit aus (Steuereinnahmen/**deficit spending**).

- Instrumente:
  - **Staatliche Aufträge** (Konjunktur- und Beschäftigungsprogramme),
  - **Senken des Leitzinses** durch die **Zentralbank** zur Senkung der Spar- und Kreditzinsen (Globalsteuerung),
  - **Steuersenkungen** zur Ankurbelung der Konsumgüternachfrage der privaten Haushalte,
  - Aufforderung an Tarifparteien, die Reallöhne zu erhöhen;
  - **Umverteilung des Einkommens** von oben nach unten zur Hebung der Massenkaufkraft,
  - **Multiplikator-Akzelerator-Prinzip**: beschleunigte, branchenübergreifende Steigerung der Konsumnachfrage.

# Angebotsorientierte Wettbewerbspolitik nach Milton Friedman (1912 – 2006)

- **Definition angebotsorientierte Wettbewerbspolitik**: Diese bezeichnet Maßnahmen der Wirtschaftspolitik, die auf der Angebotsseite der Volkswirtschaft eingreifen.

- **Zentrale Annahmen nach Friedman**, Ansatz mittel- bis langfristig:
  - Die **Regulierung der Geldmenge** ist die wichtigste Stellgröße zur Steuerung des Wirtschaftsablaufes, dadurch soll eine Inflation vermieden werden (**Monetarismus**). **Konjunkturpolitik** ist daher in erster Linie **Geldmengenpolitik**, die nicht situativ (≠ Keynes), sondern kontinuierlich stattfindet.
  - Krisen sind **strukturell bedingt. Wachstumsschwächen** lassen sich durch eine Störung der Angebotsseite erklären.
  - Gute **Angebotsbedingungen** für Unternehmen (z. B. niedrige Arbeitskosten) **sorgen für Beschäftigung und Wachstum**, da der Gewinn reinvestiert wird.
  - Der **freie Markt** bildet ohne Staatseingriffe langfristig ein **Gleichgewicht. Staatseingriffe** führen **zu Wirtschaftsschwankungen**. Der Staat soll daher lediglich die Rahmenbedingungen für die Wirtschaft schaffen. Es gilt: so wenig Eingriffe des Staates wie möglich.
  - Für Geldwertstabilität und Wirtschaftswachstum müssen die **Zentralbanken** die Geldmenge so steuern, dass der Prozentsatz der Geldmengenänderung sich an der langfristigen Wachstumsrate des realen Sozialproduktes orientiert.

- **Instrumente**: Konsolidierung der öffentlichen Finanzen; Abbau von Subventionen; Verbesserung der steuerlichen Abschreibungsmöglichkeiten; ein leistungsförderndes Steuersystem; Förderung von Forschung, Entwicklung und Existenzgründung; Senkung der Unternehmenssteuern und Sozialversicherungsbeiträge; Reduktion des Staatsanteils und der Staatsverschuldung; Deregulierung und Privatisierung; keine zu starke Einkommensumverteilung, um Leistungsanreize zu erhalten; zurückhaltende, an den Produktivitätsfortschritt angepasste Lohnpolitik; Flexibilisierung des Arbeitsmarktes.

## Kritik an Keynes und Friedmans Konzepten

- **Kritik an der nachfrageorientierten Wettbewerbspolitik:**
  - Das Problem der antizyklischen Konjunkturpolitik ist die Zeitspanne zwischen dem Erkennen der Konjunkturphase, dem Einsatz einer Maßnahme und ihrer Wirkung (**time lag**). Oft werden die Konjunkturphasen zu spät erkannt oder die Dosierung der Maßnahmen ist zu stark/zu gering, mit Folgen für die Preisstabilität.
  - Eingriffe des Staates führen zu einer wenig kontinuierlichen Wirtschaftspolitik (restriktive und expansive Maßnahmen) und somit zu Unsicherheiten bei den Marktteilnehmern.
  - In Zeiten des Booms müssten Politiker Maßnahmen einführen (Steuererhöhungen), die für die Wähler unpopulär sind.
  - Staatliche Ausgaben können zu einer Verdrängung privater Investoren führen (**crowding out**).
  - Gefahr einer Inflation, da die steigende Staatsverschuldung einer Geldschöpfung ohne Gegenwert gleichkommt.
  - Nicht berücksichtigt wird, dass Menschen z.B. ihr Geld sparen, wenn sie pessimistische Zukunftserwartungen haben.

- **Kritik an der angebotsorientierten Wettbewerbspolitik:**
  - Unternehmer investieren ihre Gewinne nicht automatisch in Erweiterungen, sondern bei geringer Nachfrageerwartung in Maßnahmen der weiteren Rationalisierung. Investiert wird nur, wenn Unternehmen Absatzchancen sehen.
  - Werden von den Unternehmen keine Erweiterungsinvestitionen getätigt, führt die Geldmengenausweitung zur Inflation.
  - Langfristiger Ansatz, er ignoriert kurzfristige Krisen.
  - Privatisierung und Deregulierung gehen auf Kosten der Verbraucher (z.B. Deregulierung des Arbeitsmarktes).
  - Niedrige Löhne führen nicht automatisch zu erhöhter Beschäftigung, genauso wenig führt eine steigende Produktion nicht zwangsläufig zu einer steigenden Nachfrage.
  - Die einseitige Ausrichtung und Begünstigung der Arbeitgeber lässt die gesellschaftliche Ungleichheit ansteigen.

## Deutsche Wirtschaftsgeschichte 1945–2009

Die wirtschaftliche Entwicklung der BRD kann in drei Phasen unterteilt werden:

- Phase 1 **Wirtschaftswunder (1949–1966)**:
  - 1948: **Währungsreform** (Einführung der D-Mark)
  - 1949: Einführung der **„Sozialen Marktwirtschaft"**
  - 1957: **Dynamisierung der Renten** (Anpassung der Leistung aus der gesetzlichen Versicherung an Wirtschaftsentwicklung)
  - **„Wirtschaftswunder"**: Zunahme der Industrieproduktion von 1950–1963 um 185%
  - **Vollbeschäftigung**, 1962: 154 000 Arbeitslose; Beschäftigung von **„Gastarbeitern"**

- Phase 2 **Nachfragesteuerung (1967–1982)**:
  - 1967: **1. Rezession** (BIP: –0,3%), Stabilitäts- und Wachstumsgesetz, „konzertierte Aktion": Vertreter aus Wirtschaft, Politik, Gewerkschaften und Wissenschaft saßen an einem Tisch, um Möglichkeiten zur Verbesserung der gesamtwirtschaftlichen Lage zu diskutieren.
  - **Ölpreis-Schock** 1973 und 1979; Abschwächung des Wachstums und Anstieg der Arbeitslosigkeit

- Phase 3 **Angebotssteuerung (seit 1983)**:
  - **Strukturkrise zu Beginn der 1980er-Jahre** mit hoher Arbeitslosigkeit und steigenden Preisen (Stagflation)
  - **1. Juli 1990: Wirtschafts-, Währungs- und Sozialunion mit der DDR**
  - 2003–2005: **Hartz-Reformen**, Arbeitsmarktpolitik soll effizienter und die staatliche Arbeitsvermittlung verändert werden.
  - 2005: **Höhepunkt der Arbeitslosigkeit**: 4,86 Mio.
  - 2003–2008: Deutschland ist **„Exportweltmeister"** (wie in den Jahren 1986–88 und 1990).
  - 2008/09: **Globale Finanz- und Wirtschaftskrise**: Rückgang des BIP um 5%

## Dimensionen des strukturellen Wandels

- **Definition Strukturwandel**: Strukturwandel bedeutet langfristige Veränderungen im Gefüge einer Volkwirtschaft, d.h. Verschiebungen zwischen und innerhalb der Sektoren.

- Die Entwicklungen von Volkswirtschaften folgen einem typischen Muster (**Drei-Sektoren-Hypothese**):
  - Im Wachstumsprozess: Verdrängung des primären Sektors (Land- und Forstwirtschaft, Fischerei) durch den sekundären Sektor (produzierendes Gewerbe), dann Verdrängung des sekundären durch den tertiären Sektor (Dienstleistungen).
  - Aufgrund der zunehmenden Bedeutung von Informationen und Kommunikation entstand um die Jahrtausendwende eine Diskussion über das Entstehen eines Informationssektors; aktuell: Verwendung des Begriffs „Informations-Bereich", der alle Beschäftigten der drei Sektoren mit starkem Informationsbezug zusammenfasst.

- **Ursachen**:
  - Angebotsseitig: forciert durch den technischen Fortschritt.
  - Nachfrageseitig: Nachfrageverhalten, demografischer Wandel.

- **Dimensionen des Strukturwandels:**
  - **Sektoraler Strukturwandel**: Seit dem 19. Jh. Übergang von einer Agrar- in eine Industriegesellschaft, seit Mitte des 20. Jh. in eine Dienstleistungsgesellschaft bzw. Informationsgesellschaft.
  - **Intersektoraler Strukturwandel**: Veränderungen innerhalb von Wirtschaftssektoren, z.B. übernehmen Maschinen Arbeit, die zuvor manuell ausgeführt wurde; Folge: steigender Bedarf an qualifizierten Arbeitskräften (in Industrieländern).
  - **Regionaler Strukturwandel**: Veränderungen innerhalb einzelner Regionen mit meist weitreichenden Folgen für den Arbeitsmarkt, z.B. Ruhrgebiet: Niedergang der Montanunion und Entwicklung zu einem Zentrum für moderne Dienstleistungen und hochtechnologische Industrien, z.B. im Umweltschutz.

## Phasen der Industrialisierung

- **Industrialisierung 1.0 bis 4.0**
  - **Industrie 1.0**: Ab 1784, Motor der Entwicklung: Einführung **mechanischer Produktionsanlagen mithilfe von Wasser- und Dampfkraft**; Entwicklungen: beginnendes Industriezeitalter, Dampfmaschine, erster mechanischer Webstuhl (1784).
  - **Industrie 2.0**: Ab 1879, Einführung arbeitsteiliger Massenproduktion mithilfe von elektrischer Energie; Transportbänder in den Schlachthöfen von Cincinnati (1879), erstes Fließband, Henry Ford (1913).
  - **Industrie 3.0**: Ab 1969, **Einsatz von Elektronik und IT** zur weiteren Automatisierung der Produktion; erste speicherprogrammierbare Steuerung (SPS) (1969); ab 1984: computergesteuerte Roboter in Werkshallen, Internet, Vernetzung, Desktop-PC, Big Data, Social Media.
  - **Industrie 4.0**: Zukunft, **Cyberphysische Systeme** (**CPS**) = Systeme, die über Sensoren mit der Außenwelt, untereinander und mit dem Netz verbunden sind; **Internet der Dinge**; Roboter und autonome Maschinen, 3-D-Drucker, Hybridisierung der Produkte, Vernetzung von Technologien und Gegenständen (Smart Factory).

- Seit Ende der 1960er-Jahre wird der Begriff der **Wissensgesellschaft** für die Charakterisierung postindustrieller Gesellschaften verwendet. **Merkmale** einer Wissensgesellschaft sind:
  - **Gesellschaft**: Wissen und Informationen als elementare Ressourcen für Entwicklung und gesellschaftlichen Fortschritt.
  - **Wirtschaft**: Übergang von einer güterproduzierenden in eine Dienstleistungsgesellschaft, in der der Informationssektor zunehmend an Bedeutung gewinnt.
  - **Arbeit**: Bedeutung spezifischer beruflicher Qualifikationen, lebenslanges Lernen; Dominanz geistiger vor körperlicher Arbeit; flexible Beschäftigungsverhältnisse und weniger rigide Arbeitszeiten, flachere Hierarchien, weniger starr vorgegebene Arbeitsabläufe.

## Wandel der Berufs- und Arbeitswelt: Arbeiten 4.0

- Arbeiten, die durch Maschinen und Algorithmen ersetzt werden können, werden zunehmen ersetzt.
  → Spaltung der Arbeit in hochqualifizierte Tätigkeiten und Tätigkeiten, für die sich der Einsatz von Maschinen nicht lohnt; zunehmender Wegfall von Tätigkeiten der klassischen Facharbeiter.

- Durch die Automatisierung kommt es zu neuen Formen der Zusammenarbeit zwischen Menschen und Maschinen.
  → Menschen als Überwacher; Maschinen als Kollegen, Kooperationspartner und Kontrolleure.

- Die Arbeit wird flexibler.
  → Wegfall der Gebundenheit an den Arbeitsplatz, wenn Informationen orts- und zeitunabhängig im Internet abrufbar sind. Vorteil: größere Flexibilität (Arbeit und Familie), aber: Grenze zwischen Freizeit und Arbeit verschwimmt, Problem für Work-Life-Balance.

- Es kommt zu einer Zunahme atypischer Beschäftigungsmodelle (≠ normaltypisch: unbefristetes Vollzeitarbeitsverhältnis, vollständig in die sozialen Sicherungssysteme integriert) und Arbeitsformen
  → z. B. Homeoffice, Co-Working, Jobsharing.

- Unternehmen beauftragen zusehends Arbeitskräfte außerhalb ihres Unternehmens (globale Verfügbarkeit von hochqualifizierten Skills) statt auf ihren festen Mitarbeiterstamm zurückzugreifen
  → „hiring on demand", Anwendung von Crowdsourcing.

- Starre Hierarchien werden immer weiter abgebaut (Top-Down-Strukturen), da sie die Kreativität, eine effektive Zusammenarbeit und Innovationen hemmen
  → flachere Führungsstrukturen und dezentrale Entscheidungsprozesse.

## Die Corona-Pandemie und ihre wirtschaftlichen Folgen

- **Ursachen der Wirtschaftskrise in Folge der Pandemie:**
  - Bei Pandemiebeginn 2020 exogener Angebotsschock: Unterbrechung der Lieferketten, fehlende Vorprodukte; außerdem Nachfrageschock: Rückgang der Nachfrage nach Produkten.
  - Im Unterschied zur Finanzkrise 2007 waren fast alle Bereiche der Realwirtschaft betroffen. Bei den wirtschaftlichen Sektoren litten besonders die Tourismus-, Veranstaltungs- und Gastronomiebranche, aber auch der stationäre Einzelhandel.

- **Kurzfristige ökonomische Folgen und Reaktionen:**
  - Das BIP ging in Deutschland im ersten Quartal 2020 um 9,4 % zurück, im zweiten erholte es sich um 9 %, im vierten kam es durch die zweite Corona-Welle zu einem drastischen Einbruch.
  - Die Bundesregierung reagierte mit einem 130 Mrd. € umfassenden Hilfspaket, dem größten in der Geschichte der BRD. Es umfasste: Mehrwertsteuersenkung, erleichtertes Kurzarbeitergeld, Kinderbonus, Überbrückungshilfen, Senkung der EEG-Umlage etc. 500.000 Unternehmen beantragten Kurzarbeit; bis zu 6 Mio. Beschäftige erhielten zeitweise Kurzarbeitergeld.
  - Die EZB erwarb bis Ende 2020 750 Mrd. € Staatsanleihen und andere Wertpapiere.

  → Die Maßnahmen verhinderten eine Massenarbeitslosigkeit und sicherten den sozialen Frieden.

- **Mittel- und langfristige Folgen:**
  - Aktivere Rolle des Staates in der Wirtschaft; Gefahr der Verlangsamung des Strukturwandels durch Fehlinvestitionen, da die Politik und nicht der Markt über die Förderung entscheidet;
  - Zunahme der Staatsverschuldung;
  - anhaltende Lieferkettenprobleme; Trend zur Renationalisierung und Deglobalisierung;
  - drastischer Anstieg der Inflation;
  - stärkere Digitalisierung der Arbeitswelt, Homeoffice als gleichwertige Arbeitsform.

## Globalisierung – Ursachen und Auswirkungen

- **Definition Globalisierung**: Prozess der zunehmenden Verflechtung der globalen Beziehungen in unterschiedlichen Bereichen: in der Politik, Wirtschaft, Gesellschaft, Ökologie, Kultur, Kommunikation, Wissenschaft und Technik.

- **Ursachen der Globalisierung**:
  - **Gesunkene Transportkosten** für Güter und Informationen (Reduktion der Distanzüberwindungskosten) relativ zu den Produktionskosten,
  - **Verbesserungen in der Kommunikationstechnik**,
  - Ende des Kalten Krieges und **Transformation der Planwirtschaften in Ost- und Mitteleuropa** zu Marktwirtschaften und Öffnung Chinas. → Große Teile der Welt werden in die internationale Arbeitsteilung mit integriert.
  - **Erweiterung der EU** und damit der Freihandelszone.
  - **Produktspezialisierungen** bedürfen größerer Absatzmärkte.
  - Kulturelle Angleichungen: Abbau nationaler Unterschiede, Abnahme an Kriegen zwischen den Nationen.

- **Motoren der Globalisierung**:
  - **Liberalisierung** = Beseitigung von Vorschriften, die den Wettbewerb behindern. Dazu gehört der **Abbau von Zöllen, Kontingenten und nichttarifären** Handelshemmnissen, insbesondere im Rahmen von GATT (General Agreement on Tariffs and Trade), WTO (World Trade Organization → S. 139) und Freihandelszonen wie der EU.
  - **Privatisierung** = Umwandlung von Öffentlichem in Privates. Privatisierungswellen fanden seit den 1970er-Jahren in der westlichen Welt statt; Annahme: private Marktkräfte sorgen am besten für die Verteilung von Produktionsfaktoren.
  - **Deregulierung** = Verringerung staatlicher Eingriffe in das Marktgeschehen. Sie fand in weiten Teilen der Wirtschaft statt (z. B. Telekommunikation, Banken, Bahn), die dadurch für den internationalen Wettbewerb geöffnet wurden.

# Globalisierung – Chancen und Risiken für Verbraucher und Arbeitnehmer

| Verbraucher | |
|---|---|
| Chancen | Risiken |
| – höherer Wohlstand bei Spezialisierung eines Landes auf Güter mit komparativem Kostenvorteil<br>– mehr Wettbewerb, größere Produktauswahl, niedriger Preis (Vorteile der Massenproduktion nutzbar)<br>– niedrigere Preise kommen besonders niedrigeren Einkommensschichten zugute | – die Qualität der Exportgüter<br>– das Einhalten von Verbraucherschutz- und Umweltschutzregulierungen; die Einhaltung von menschenwürdigen Bedingungen bei der Produktion<br>– Abhängigkeit von Gütern aus dem Ausland, kann in Krisenzeiten problematisch sein |
| **Arbeitnehmer** | |
| – Sicherung von Arbeitsplätzen durch den Export<br>– Sicherung von Arbeitsplätzen durch den Import (lediglich der Import günstiger Vorerzeugnisse ermöglicht teilweise noch die Produktion in Deutschland) | – Gefahr des Outsourcings von Arbeitsplätzen bzw. Druck auf Löhne und Sozialstandards im eigenen Land<br>– Outsourcing als Gefahr besonders für Tätigkeiten von Geringqualifizierten<br>– Konzentration auf wettbewerbsfähige Wirtschaftszweige führt zum Aussterben gewisser Branchen → Freihandel als Beschleuniger des Strukturwandels<br>– Gefahr regionaler Ungleichgewichte, wenn Branchen v.a. in bestimmten Regionen ansässig sind |

## Globalisierung – Chancen und Risiken für Unternehmen, Staaten, Entwicklungsländer

| Unternehmen | |
|---|---|
| Chancen | Risiken |
| - günstige Beschaffung von Vorprodukten/Zulieferteilen<br>- Outsourcing bei Standortvorteilen ins Ausland<br>- Ausweitung des eigenen Absatzmarktes<br>- Vorteile der internationalen Arbeitsteilung können von multinationalen Konzernen innerhalb der eigenen Wertschöpfungskette genutzt werden. | - Zunahme an Konkurrenten und Wettbewerbsdruck<br>- Gefahr des Marktausscheidens kleinerer Unternehmen bei globalen Fusionen<br>- Durch die gesteigerte Bedeutung der internationalen Finanzmärkte geraten langfristige Unternehmensziele in den Hintergrund, da der Fokus auf dem Shareholder Value (Wert der Aktie) liegt. |
| **Staat** | |
| - Steigerung der Wohlfahrt führt zu einem Mehr an Steuereinnahmen.<br>- Zusammenarbeit in der Wirtschaft erhöht die Wahrscheinlichkeit, Konflikte friedlich zu lösen. | - Machtzunahme der Konzerne und Abnahme der Macht der Regierungen (→ Demokratiedefizit und Legitimationsproblem)<br>- Erpressbarkeit von Regierungen beim globalen Standortwettbewerb<br>- Verkleinerung wirtschafts- und sozialpolitischer Handlungsspielräume |
| **Entwicklungsländer** | |
| - China, Brasilien und Indien als ehemalige Entwicklungsländer zeigen die wohlstandsfördernde Wirkung von Exporterfolgen.<br>- Freihandel effektiver als Entwicklungshilfe, da Investoren nur bei einer guten Infrastruktur und geringer Korruption aktiv werden. | - Komparative Kostenvorteile können zu einer Spezialisierung führen, die kaum zu Entwicklungsimpulsen führen (z. B. Rohstoffe).<br>- Führt Freihandel zu „Export-Monokulturen", besteht eine Abhängigkeit von wenigen Exportgütern. |

## Akteure im internationalen Handel

- **Definition staatliche Akteure**: Staatliche Akteure zeichnen sich dadurch aus, dass sie Recht setzen und durchsetzen können.
  - **Nationalstaaten**: Zentrale Akteure des internationalen Handels, die über ihre Außenwirtschaftspolitik das Ausmaß der wirtschaftlichen Verflechtung steuern. Unterschieden wird zwischen **Industrieländern** (z.B. Deutschland, Frankreich, USA), **Schwellenländern** (z.B. Mexico, Malaysia, Philippinen, BRICS-Staaten = Brasilien, Russland, Indien, China, Südafrika) und **Entwicklungsländern** (auch Less Developed Countries). Als Indikator für die Entwicklung gilt der **Human Development Index** (HDI).
  - **Internationale Organisationen**: Vereinte Nationen, World Trade Organization (WTO), Internationale Währungsfond (IWF → S. 141), Organisation for Economic Cooperation and Development (OECD); informelle Treffen und Gesprächsrunden: G20 (die 20 wichtigsten Industrie- und Schwellenländer), G7 (die sieben bedeutendsten Industriestaaten), Weltwirtschaftsforum in Davos.
  - **Regionale Organisationen**: Mit steigendem Globalisierungsgrad Zunahme der Regionalisierung und damit der Entstehung von wachstumsstarken, regionalen Wirtschaftsräumen, z.B. EU, Nordamerikanische Freihandelszone (NAFTA, seit 2018 USMCA), gemeinsamer Markt Südamerika (MERCOSUR), Gruppe der afrikanischen, karibischen und pazifische Staaten (AKP), Verband Südostasiatischer Nationen (ASEAN).

- **Nichtstaatliche Akteure**:
  - **Transnationale Unternehmen**: → S. 132.
  - **NGOs** = Nichtregierungsorganisationen: Sie versuchen, aus unterschiedlichen Politikfeldern Interessen zu organisieren und diese in den politischen Willensbildungsprozess einzubringen; insbesondere tätig in den Bereichen Menschenrechte (Amnesty International), Umwelt-, Klima- (Greenpeace) und Tierschutz, Friedenssicherung, Globalisierung (Attac als Globalisierungsgegner); **Kritik**: Einflussnahme auf den Willensbildungsprozess ohne Legitimation durch die Bevölkerung (keine Wahl; Demokratie- und Legitimationsdefizit); fehlende Transparenz bei der Entscheidungsfindung.

## Finanz- und Wirtschaftskrise 2007–2009

- **Ursachen**: Sie begann in den USA als Immobilienkrise und weitete sich Anfang 2008 zur internationalen Finanzkrise aus. Sie ist ein Beispiel dafür, wie Schwierigkeiten in einem kleinen Sektor (US-Hypothekenmarkt) zu einer globalen Krise werden können.
  - **Herdentrieb**: Irrationale Erwartung und soziale Ansteckung über die Preise von US-Immobilien.
  - **Moral Hazard** = Risiko, dass eine Person sich unmoralisch verhält, da sie durch eine gesetzliche oder institutionelle Absicherung geschützt ist; Banken gaben Risiken der Hypotheken an Collateralized Debt Obligation (CDOs) weiter und senkten Kreditstandards.
  - Die Risikobewertung der Finanzprodukte ist zu komplex.
  - Große Banken gingen im Vertrauen auf ihre Rettung übermäßige Risiken ein („too big to fail").
  - Veraltete und lockere Aufsichtsstrukturen für Finanzinstitute.
  - Ratingagenturen waren auf Bewertungsaufträge für die Banken angewiesen, bewerteten daher nicht ganz objektiv.
  - Riskante Aktivitäten wurden in den Schattenbankensektor verlagert. Die Bankbilanz ist damit gesäubert, das Risiko bleibt aber im Bankensystem.
  - Expansive Geldpolitik der Federal Reserve nach dem 11. September 2001 sowie hohe Kapitalzuflüsse in die USA.

- **Folgen für Deutschland**:
  - Rückgang des deutschen BIPs 2009 um 5,2 %,
  - Banken verlieren durch Spekulationen mit amerikanischen Immobilienkrediten Milliarden.

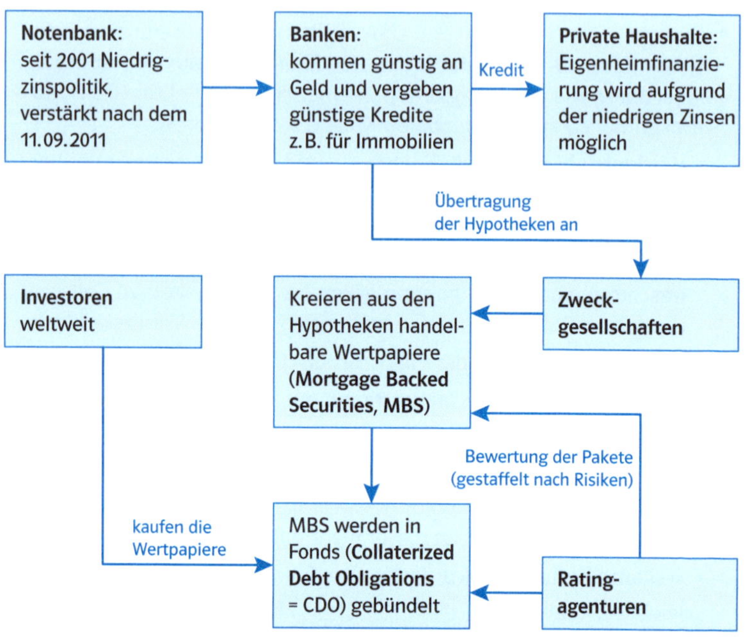


- **Maßnahmen des Staates** zur Bankenrettung (finanziert über die Aufnahme von Krediten):
  - **2008 Sonderfonds**: Finanzmarktstabilisierung (SoFFin) mit 48 Mrd.€ zur Entschärfung der Bankenkrise,
  - Garantie für alle privaten Spareinlagen durch den Staat,
  - **Konjunkturpaket I** (2008) und **Konjunkturpaket II** (2009): Maßnahmenpakete, um dem wirtschaftlichen Abschwung entgegenzuwirken, z.B.: „Abwrackprämie" (2500 € bei Autoneukauf zur Stabilisierung der Autoindustrie); Senkung des Eingangssteuersatzes und des Krankenkassenbeitrages; Erhöhung von Hartz IV für Kinder; staatliche Bürgschaft zur Absicherung von Krediten an Großunternehmen; Kurzarbeit, bei der der Staat die Hälfte der Sozialversicherungsbeiträge der Arbeitnehmer übernahm.

## Die Griechenlandkrise

- **Staatsschuldenkrise** seit 2010: Nach der Euro-Einführung in Griechenland (2001) und dem Wegfall von Wechselkursmechanismen gelang es nicht, neue Anpassungsmechanismen zu entwickeln. Seit 2010 war Griechenland zahlungsunfähig; am 30.6.2015 konnte es die Rate von 1,5 Mrd. € beim IWF nicht mehr bezahlen.

- **Ursachen**:
  - **Annahme 1**: Die Krise ist „**hausgemacht**": Verfehlung der Schuldenquote (3 % des BIP). Das Wohlstandswachstum seit den 1990er-Jahren basierte meist auf Konsum (nicht Investitionen), Importüberschuss, ineffizientem Staatsapparat, Schattenwirtschaft (Steuerhinterziehungen), hohen Militärausgaben, Korruption, Vetternwirtschaft, mangelnder Wettbewerbsfähigkeit.
  - **Annahme 2**: **Schwäche der gesamten Eurozone**, von der Griechenland als schwächstes Glied besonders betroffen ist.

- **EU-Gipfel reagiert** und beschließt **Bailout** (März 2010):
  - **Bailout** (deutsch: „aus der Klemme helfen"): Finanzielle Hilfsaktion durch z. B. Schuldenübernahme, Tilgung, Haftungsübernahme zur Vermeidung einer Zahlungsunfähigkeit, die dem gesamten System Schaden würde.
  - Kritik aus Deutschland, gescheiterte Klage vor dem Bundesverfassungsgericht mit Hinweis auf „**No-bailout-Klausel**" der Europäischen Wirtschafts- und Währungsunion (EU sowie EU-Länder sollen nicht für die Verbindlichkeiten einzelner Länder haften).

- **Maßnahmen des Bailout**:
  - **Drei Rettungspakete**: Paket 1 (2010 – 13, EU-Länder und IWF), Paket 2 (2012 – 14, EU-Rettungsschirm EFSF; Vorbedingung: Schuldenschnitt 2012), Paket 3 (2015 – 18: Europäischer Stabilitätsmechanismus ESM).
  - Rettungspakete sind an **strikte Auflagen** geknüpft, z. B. Sparmaßnahmen, Privatisierung von Staatsbesitz etc.; werden von der **Troika** (Experten der Europäischen Zentralbank EZB, der EU-Kommission und des IWF) überprüft.

## Regulierung nach der Finanzkrise

- **Basler Ausschuss und Basel III:**
  - Der **Basler Ausschuss** dient der Koordinierung der internationalen Zusammenarbeit der nationalen **Finanzmarktaufseher** und wurde 1974 durch Zentralbanken und Bankaufsichtsbehörden der G-10-Staaten gegründet. Sein Sitz ist am BIZ (Bank für Internationalen Zahlungsausgleich).
  - Er dient dem Austausch über Regulierungsmaßnahmen der Bankaufseher der 27 wichtigsten Finanzplätze. Der Ausschuss dient als Dialogforum und besitzt **keine Weisungsbefugnis**.
  - **Maßnahmen von Basel III**: Erhöhung der Gesamtkapitalquote von 8% auf 15,5% (gültig ab 2019), Begrenzung des Verschuldungsgrades (Leverage ratio) auf 3%; allerdings herrscht bei Forschern Uneinigkeit über die „optimale Kapitalquote".

- **Weitere Maßnahmen** der Finanzmarktregulierung seit 2008:
  - **Finanzaufsichtsbehörden**: Schaffung eines Systems neuer Finanzaufsichtsbehörden (European System for Financial Supervision, ESFS): drei Aufsichtsbehörden für Banken, Versicherungen und Wertpapiermärkte zur Koordination der Aufsichtsbehörden auf Länderebene; Schaffung des Systematic Risk Board zur Analyse systematischer Risiken.
  - **EU-Bankenunion** (2014): Zur Beaufsichtigung von Banken der EU, aufbauend auf den Pfeilern „einheitliches Regelwerk", „einheitliche Aufsicht" (ZZB) und „einheitliche Abwicklung" (Abwicklungsfonds 55 Mrd. € für illiquide Banken), Ziel: solide Banken; verhindern, dass Geld von Steuerzahlern zur Rettung von Banken verwendet wird; außerdem Regelungen für die Bezahlung von Managern der Finanzbranche.
  - **Wertpapiere**: Verschärfung der Standards für Verbriefung; Verschärfung der Regelung von Derivatgeschäften; Registrierung und Aufsicht von Hedgefonds.
  - **Ratingagenturen**: Registrierungs- und Transparenzpflicht.

## Multi- und transnationale Unternehmen

- Multi- und transnationale Unternehmen gelten als Wachstumsmotor der Globalisierung.
  - **Definition multinationale Unternehmen** (**MNU**): MNU haben Tochterunternehmen im Ausland und somit mehr als einen Produktionsstandort.
  - **Definition transnationale Unternehmen** (**TNU**): TNUs sind in mehreren Ländern mit eigenständigen Vertriebs- und Produktionsstätten sowie Forschungs- und Entwicklungsabteilungen vertreten. Sie arbeiten auf der Grundlage einer gemeinsamen Strategie, berücksichtigen aber nationale Begebenheiten bei Führung und Organisation des Unternehmens.

- **Kritik**:
  - Sie haben als Arbeitgeber und Steuerzahler **großen Einfluss** und können z. B. durch Drohungen wie Standortverlagerung und Entlassungen, insbesondere in strukturschwachen Regionen ihre Interessen in der Politik durchsetzen, ohne dafür von der Bevölkerung legitimiert zu sein.
  - Aufgrund der weltweiten Verflechtung der Unternehmen verlieren Nationalstaaten **Kontroll- und Gestaltungsmöglichkeiten** in der Wirtschaftspolitik.
  - Gewinn wird oftmals in Länder mit **niedrigen Steuersätzen** abgeschoben.
  - In weniger entwickelten Ländern kann das Engagement der MNUs oder TNUs dazu führen, dass sich die **Wirtschaftsstruktur einseitig entwickelt**.
  - Die **Reinvestition** des Gewinns erfolgt oftmals nicht vor Ort.
  - Sie sorgen für eine **Verwestlichung** (auch Amerikanisierung) von Konsum (Apple, Coca-Cola, McDonald's = **McDonaldisierung**) und Kultur.
  - **Aber**: Möglicherweise werden durch die Direktinvestitionen Arbeitsplätze, Kapital und Wissen geschaffen, der Wettbewerb und die Region gefördert (durch Zulieferer). Die gezahlten Gehälter liegen zudem oftmals über dem Landesdurchschnitt.

## Ausländische Direktinvestitionen – Foreign Direct Investment (FDI)

- **Definition ausländische Direktinvestitionen**: Kapitalanlagen eines Unternehmens oder einer Privatperson im Ausland

- Arten (eine Auswahl):
  - Gründung von Tochterunternehmen,
  - Beteiligung an Unternehmen (laut IWF von mindestens 10 %),
  - dauerhafte Vergabe von Krediten an ausländische Unternehmen oder Ausstattung ausländischer Unternehmen mit Kapital, Ressourcen oder Anlagen,
  - Kauf von Unternehmen/Betriebsstätten.

- **Motive** von Unternehmen, FDIs zu tätigen:
  - Neue und größere Absatzmärkte (Economies of Scale),
  - Reduktion von Wechselkursrisiken (Natural Hedging),
  - Nutzung von Verbundeffekten (Economies of Scope),
  - niedrigere Löhne und Outsourcing.

- Weiteres:
  - Sie sind Teil der Kapitalverkehrsbilanz in der Zahlungsbilanz.
  - Sie sind ein wichtiger Indikator für die wirtschaftliche Verflechtung.
  - Sie unterschieden sich von **Portfolioinvestitionen**:
    - Bei FDIs geht mit dem Erwerb von Anteilen auch Einfluss auf das Management einher; neben Kapital findet zudem ein Wissens- und Technologietransfer statt.
    - Portfolioinvestitionen dienen der Erzielung von Renditen und Kursgewinnen, sie bedeuten keinen unternehmerischen Einfluss (indirekte Beteiligung).
  - Empfänger von FDI in 2018: Deutschland Platz 8, Platz 1: USA;
    in 2020: Deutschland Platz 5, Platz 1: China;
    2023: Platz 1: USA, Deutschland Platz 5.

## Ausländische Direktinvestitionen – Vor- und Nachteile

- **Vorteile von ausländischen Direktinvestitionen für Gastländer:**
  - Schaffung von Arbeitsplätzen und Ausbildung von Fachpersonal, Wirtschaftswachstum,
  - Importsubstitution und Zunahme von Exporten – doppelte Entlastung der Zahlungsbilanz,
  - Wissens- und Technologietransfer,
  - Multiplikatoreffekte (→ S. 117),
  - Spillover-Effekte: z. B. Weitergabe von Know-How auf vertikaler Ebene (an Betriebe der vor- bzw. nachgelagerten Produktions- und Absatzstufen),
  - Steigerung des Lebensstandards durch Verbesserung der Infrastruktur,
  - Diversifikation (Ausweitung) der Produktionsstruktur durch Transfers von Technik und Managementmethoden,
  - Erhöhung der Kaufkraft und Steuereinnahmen,
  - Verkleinerung der Kapitallücke und Entlastung der Zahlungsbilanz.

- **Nachteile:**
  - Nichtbeachtung von Umwelt- und Arbeitsschutz (Sweatshops = Ausbeutungsbetriebe),
  - Förderung von Korruption,
  - politische Einflussnahme der transnationalen Unternehmen,
  - Verdrängung der einheimischen Industrie,
  - reduziertes Kreditangebot für einheimische Unternehmen,
  - reduzierte Steuereinahmen durch Bilanzmanipulationen oder Steuernachlässe für Konzerne,
  - Verstärkung regionaler und sektoraler Ungleichgewichte.

## Global Governance (GG)

- **Definition Global Governance**: GG ist eine Bezeichnung für einen **internationalen Rahmen** von Prinzipien, Regeln, Gesetzen und Institutionen zur Bewältigung **globaler Probleme**.

- Hintergrund von GG sind **Herausforderungen in Folge der Globalisierung**, die die Länder nicht alleine lösen können:
  - **Schutz** globaler (**öffentlicher**) **Güter**: z.B. Weltklima, nicht erneuerbare Ressourcen, Biodiversität, Ozonschicht,
  - **globale Asymmetrien**: z.B. Informationsasymmetrien können Kursschwankungen und internationale Finanzkrisen auslösen, Verschärfung von Verteilungsproblemen,
  - **grenzüberschreitende externe/regionale Probleme**: z.B. Finanzkrisen, Schadstoffemissionen, Migration,
  - **globale Interdependenzen**: z.B. Anpassungszwänge durch den Standort- sowie Steuersenkungswettbewerb,
  - **akute Destabilisierungsgefahr**: z.B. Finanz- und Währungskrisen, außenwirtschaftliche Ungleichgewichte.

- **Probleme/Herausforderungen**:
  - **Grenzübergreifende Schattenökonomien**: informelle/kriminelle Aktivitäten wie Umschlagplätze für Waren, unregulierte Arbeitsmärkte, Geldtransfers, Kapitalflucht.
  - **Nationalinteressen** souveräner **Staaten** widersprechen sich, z.B. USA und Kyoto-Protokoll.

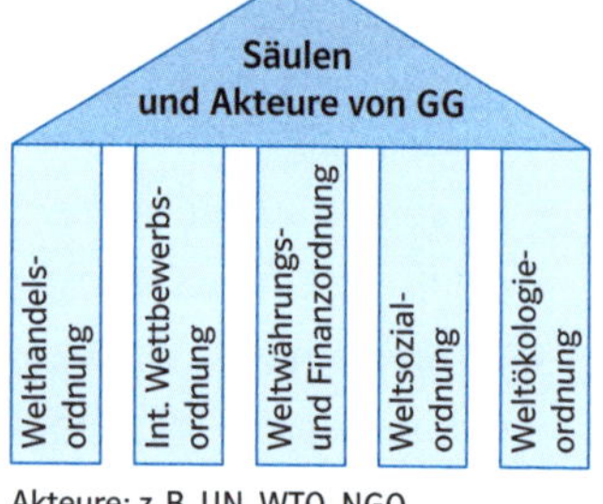

Akteure: z.B. UN, WTO, NGO

  - **Legitimität der Akteure**, z.B. Kritik an der fehlenden Legitimation der UN oder von NGOs.
  - **Reformvorschläge**: z.B. Schaffung einer Weltzentralbank, von stabilen Rohstoffpreisen, einer internationalen Koordinierung der Fiskalpolitik, einer internationalen Zivilgesellschaft.

## Außenhandel

- **Definition Außenhandel**: Unter Außenhandel versteht man den grenzüberschreitenden Handel mit Gütern und Dienstleistungen.

- **Angebotsseitige** Gründe für den Außenhandel:
  - Mangel, Knappheit eines Gutes bzw. von Ressourcen im Inland und Überfluss im Ausland.
  - **Absolute Kostenunterschiede**: Güter können im Ausland billiger hergestellt werden.
  - **Komparative Kostenvorteile** führen zum Warenaustausch zwischen In- und Ausland.
  - **Heckscher-Ohlin-Theorem**: Die relative Knappheit der Produktionsfaktoren legt das Verhältnis der Preise in einer Volkswirtschaft fest und somit die internationale Arbeitsteilung.
  - Aber: **Leontief-Paradoxon**: Die USA mit einer großen Kapitalausstattung importieren kapitalintensive Produkte.
  - **Produktlebenszyklushypothese**: Produkte, die ursprünglich in Industrieländern gefertigt wurden, werden aufgrund von Lohnkostenvorteilen und Imitation in Entwicklungs- und Schwellenländern produziert und von dort in die Hochtechnologieländer exportiert.
  - **Degressive Stückkosten**: Mit der Produktionsmenge abnehmende Stückkostenverläufe (Economies of Scale) fördern die internationale Spezialisierung und Wohlfahrtsgewinne.

- **Nachfrageseitige** Gründe für Außenhandel:
  - **Intraindustrieller Handel**: Volkswirtschaften mit ähnlichen Kosten- oder Produktionsstrukturen handeln miteinander, da die Verbraucher unterschiedliche Präferenzen haben.
  - **Produktdifferenzierungen** können ebenfalls Bedürfnisse von Kunden befriedigen.

## David Ricardo – komparative Kosten und Außenhandel

- David Ricardo gilt neben Adam Smith als Mitbegründer der klassischen Nationalökonomie und erweiterte Smith' Prinzip der „absoluten Kostenvorteile" um das Prinzip der „komparativen Kostenvorteile".
- Ricardos Annahme: Internationale Arbeitsteilung lohnt sich nicht nur dann, wenn ein Land A Gut 1 billiger und Land B Gut 2 billiger herstellen kann, sondern auch dann, wenn ein Land beide Güter billiger herstellen kann.

| | absolute Kosten Land | | komparative (relative) Kosten | |
|---|---|---|---|---|
| | Kosten 1 kg Mais | Kosten 1 kg Trauben | Kosten-verhältnis Mais/Trauben | Kosten-verhältnis Trauben/Mais |
| Land A | 2 | 4 | 0,5 | 2 |
| Land B | 3 | 5 | 0,6 | 1,6 |

- Das Beispiel zeigt Folgendes:
  - Land A kann Mais und Trauben günstiger herstellen als Land B; Land A ist folglich bei beiden Produkten absolut „besser" als Land B.
  - Wenn Land A 1 kg Mais produziert, muss es auf 0,5 kg Trauben verzichten (Auslastung der Arbeitskräfte und der Produktionskapazitäten). Produziert das Land 1 kg Trauben, muss es auf 2 kg Mais verzichten (vgl. Opportunitätskosten → S. 11).
  - Transportiert Land A Mais in Land B und tauscht es gegen Trauben, ist ein Tauschgewinn von 0,1 zu vermerken (abzüglich der Transportkosten).
  - Ein Warentausch ist für beide Länder aufgrund der relativen Kostenvorteile vorteilhaft: Land A hat einen Kostenvorteil bei Mais (0,1), Land B bei Trauben (0,4).

## Arten der internationalen Arbeitsteilung

- **Inter-regionaler Handel**:
  - Handel **zwischen Regionen**, statistisch unterscheidet man zwei Blöcke: Handel zwischen den stärksten drei Wirtschaftsregionen (**Triade-Regionen**: Europa, Asien, Nordamerika) und Handel der Triade-Regionen mit dem Rest.

- **Intra-regionaler Handel**:
  - Handel **innerhalb einer Region**, dieser wird durch regionale Freihandelsabkommen gefördert. Der Anteil des intra-regionalen Warenhandels am Gesamthandel ist deutlich höher als der Anteil des inter-regionalen Handels.

- **Inter-industrieller Handel**:
  - **Internationaler Austausch von Waren** verschiedener Produktsektoren (z. B. Austausch von Industriegütern gegen Rohstoffe), obwohl die Güter auch im Land produziert werden könnten
  - Grund: **Absolute und komparative Kostenvorteile**; Handel findet statt, wenn regionale Preisunterschiede (**Interregional Terms of Trade**) höher sind als die Transportkosten.

- **Intra-industrieller Handel**:
  - **Handel mit vergleichbaren Gütern** derselben Art im Export und Import insbesondere in entwickelten Ländern mit ähnlicher Wirtschaftsstruktur (entspricht 2/3 des Außenhandels).
  - Messung: Anteil des Absolutbeitrags des Nettohandels (Export + Import) innerhalb eines Sektors am gesamten Bruttohandel (Export + Import) dieses Sektors.
    Dies widerspricht der Theorie der komparativen Kostenunterschiede bei gehandelten Gütern und lässt sich über die Präferenzen der Nachfrager erklären, z. B. technische Modifikationen, ein anderes Design → Nachfrager bevorzugen ein differenziertes Angebot mit Auswahlmöglichkeiten (z. B. deutsche Autofahrer fahren französische und französische deutsche Fahrzeuge).

# World Trade Organization (WTO)

- Die WTO ist seit 1994 eine zentrale International Gouvernmental Organisation (IGO) für den Welthandel.

WTO
(Sitz Genf, 164 Mitglieder in 2018)

**Ziel**: Abbau von Handelsschranken, Liberalisierung des Welthandels, Schlichtung von Handelsstreitigkeiten, Forum für Verhandlungen, Unterstützung der Entwicklungsländer in Handelsfragen, Überprüfung der Handelspraktiken der Mitgliedsstaaten.

| **1947: GATT** (*General Agreement on Tariffs and Trade*): Abbau tarifärer und und nicht-tarifärer Handelshemmnisse | **1995: GATS** (*General Agreement on Trade in Services*): Deregulierung aller privatwirtschaftlicher Dienstleistungen | **1996: TRIPS** (*Agreement on Trade-Related Aspects of Intellectual Property Rights*): Abkommen über Rechte am geistigen Eigentum |
|---|---|---|

**Prinzipien:**
- **Reziprozität**: Gleichwertigkeit der handelspolitischen Leistungen, die sich die Unterzeichner gegenseitig einräumen.
- **Liberalisierung**: Abbau von Zöllen und nichttarifären Handelshemmnissen, Verbot von Mengenbeschränkungen.
- **Nichtdiskriminierung**: Keine Benachteiligung eines Landes gegenüber einem anderen.
  a) **Meistbegünstigung**: Ausdehnung von Zoll- und Handelsvorteilen, die sich zwei Mitglieder gegenseitig einräumen, auf alle Unterzeichner.
  b) **Inländerbehandlung**: Güter und Dienstleistungen des Inlands dürfen gegenüber dem Ausland nicht begünstigt werden.
- **Transparenz**: Keine geheimen Abkommen.
- **Konsensprinzip**: Wichtige Entscheidungen müssen von allen angenommen werden, ein Staat hat eine Stimme.

## Schwächen der World Trade Organization (WTO)

- Schwächen bzw. Kritik an der WTO:
  - Ausnahmen für Freihandelszonen und Zollunionen, z. B. gilt das Gebot der Nichtdiskriminierung im EU-Binnenmarkt nicht.
  - Mangelnde Transparenz, da die Streitschlichtungsverfahren nicht öffentlich sind.
  - Vorwurf des „Green Roomings": Grundlegende wirtschaftspolitische Entscheidungen werden von wenigen Ländern hinter verschlossenen Türen getroffen.
  - NGOS und Gewerkschaften haben geringen, transnationale Unternehmen großen Einfluss.
  - Die WTO nimmt unzureichend Rücksicht auf die unterschiedlichen Entwicklungsniveaus der einzelnen Mitglieder (Zölle z. B. als wichtige staatliche Einnahmequelle für Entwicklungsländer).
  - Regionale und bilaterale Abkommen gewinnen an Bedeutung, z. B. das ASEAN-China-Freihandelsabkommen.
  - Mangelnde Effizienz der WTO-Verhandlungen, z. B. mehrfache Ergebnislosigkeit der Doha-Runde.
  - Überlegene Verhandlungsmacht der EU und USA: Auch wenn theoretisch jedes Mitgliedsland eine Stimme hat, werden die meisten Beschlüsse von den vier mächtigsten Mitgliedern (EU, Kanada, Japan, USA; Vierer- oder Quadgruppe) getroffen. Grund: Entwicklungsländer mit kleinen Delegationen in Genf können nicht in allen Gremien anwesend sein.
  - Die Nichtbeteiligung nationaler Parlamente führt zu einer mangelnden Legitimation (Demokratie- und Legitimationsdefizit) der WTO-Beschlüsse, die zahlreiche Bereiche der nationalen Politik betreffen (Wirtschafts-, Sozial-, Gesundheits-, Umweltpolitik).
  - Mangelnde Kontrollmöglichkeiten der WTO: Die WTO ist zu keiner Kommunikation verpflichtet; es existiert keine Plattform, auf der offiziell Kritik vorgebracht werden kann.
  - Kritik am neoliberalen Kurs der WTO (durch Attac); Kritik an mangelndem Natur-, Umwelt- und Tierschutz (z. B. durch Greenpeace).

## Internationaler Währungsfonds (IWF) und Weltbank

- **Der Internationale Währungsfonds:**
  - Sonderorganisation der UN, Sitz in Washington D.C., gegründet 1944 zusammen mit der Weltbank, Ziel: Stabilisierung des Systems fester Wechselkurse.
  - **Aufgaben**: Koordination der Kooperation in der Währungspolitik, Ziel: stabile Wechselkurse; Förderung des Welthandels und des freien Devisen- und Zahlungsverkehrs; Bereitstellen von Hilfsmitteln (Krediten) für Mitgliedsstaaten mit kurzfristigen Zahlungsbilanzdefiziten; Verringerung der Ungleichgewichte in den Zahlungsbilanzen der Mitglieder.
  - **Rolle in der Krise im Euroraum**: Seit 2010 Teil der Troika (mit EZB und EU-Kommission); gibt Hilfskredite gegen Bedingungen.
  - **Aufbau und Arbeitsweise**: **Gouverneursrat** = oberstes Gremium, trifft sich jährlich, je ein Vertreter der 185 Mitgliedsländer; bestimmt und wählt **Exekutivdirektorium.** Dies ist zuständig für das tägliche Geschäft; besetzt mit 24 Direktoren (je ein Vertreter aus USA, Japan, Deutschland, Frankreich, Großbritannien und 19 gewählte Vertreter anderer Länder), davon ein geschäftsführender Direktor. Das **Stimmrecht** der Gouverneure und Direktoren hängt vom Kapitalanteil ihrer Länder am Fonds ab; USA: 16,5 %, Japan 6,14 %, China 6,08 %, Deutschland 5,31 %, Frankreich 4,03 %.

- **Die Weltbank:**
  - Sonderorganisation der UN; förderte nach dem Zweiten Weltkrieg den Wiederaufbau, stabilisiert mit dem IWF das System fester Wechselkurse.
  - Sie verfügt mit der Bank für Wiederaufbau und Entwicklung und der Internationalen Entwicklungsgesellschaft über zwei Unterorganisationen und versucht, durch Kredite und Strukturanpassungsprogramme die Lebensbedingungen in Entwicklungsregionen zu verbessern. Gremienbesetzung und Stimmrecht sind von der Kapitalquote der Länder abhängig.

## Kritik am IWF und der Weltbank

- **Kritik am IWF und der Weltbank (insbesondere von NGOs und Globalisierungskritikern)**:
  - Der IWF agiert als supranationale Staatsbank, die als Geldgeber **Fehlanreize** setzt.
  - **Unausgewogene Stimmenverteilung** im IWF und der Weltbank: Ökonomisch starke Staaten haben aufgrund ihrer hohen Einlagequoten überdurchschnittliche Entscheidungsgewalt, somit quasi Vetorecht von USA/EU im IWF, da Notwendigkeit einer 85% Mehrheit bei wichtigen Beschlüssen; Entwicklungs- und Schwellenländer sind unterrepräsentiert.
  - **USA und EU** besetzen alternierend Führungsämter im IWF und der Weltbank.
  - **Restriktive Kreditvergaberichtlinien** und **neoliberale Konditionalität**, Washington Konsens: Inanspruchnahme von Krediten ist an die Erfüllung von Auflagen geknüpft, z.B. führten die Strukturanpassungsprogramme oftmals zu sozialen Härten (Verschlechterung der Ernährungssituation) und einer Reduktion der Binnennachfrage.
  - Die Bereitstellung von **Nothilfen** durch den IWF in Finanzkrisen führt bei Schwellenländern zu **hohen Schulden**.
  - Die Strukturanpassungsmaßnahmen werden ohne länderspezifische Kenntnisse Ländern „übergestülpt" und wirken weder wachstumsfördernd noch armutsmindernd wie z.B. die vom IWF propagierte Privatisierung staatlicher Unternehmen und die Liberalisierung der Wirtschaft.
  - Die **Interessen der Gläubiger** dominieren die Belange der Schuldner.
  - Vorwurf an die Weltbank, an Umweltzerstörungen in Entwicklungsländern durch einseitige Förderungen von z.B. Staudämmen mitverantwortlich zu sein sowie den Umweltschutz lange Zeit vernachlässigt zu haben, da die wirtschaftliche Entwicklung im Fokus steht.

## Wechselkurssysteme

- **Definition Wechselkurs**: Wert einer Währung in einer anderen Währung zu einem bestimmen Zeitpunkt.

- In einem **Wechselkurssystem** wird die Wechselkursbildung nach einheitlichen Prinzipien gestaltet. Unterschieden wird zwischen:

| | Freie Wechselkurse (Floating) | Feste Wechselkurse |
|---|---|---|
| | - werden auf dem **Devisenmarkt** ohne staatliche Eingriffe durch **Angebot und Nachfrage** frei bestimmt (frei schwankende Kurse = floating)<br>- Beispiel: Wechselkurssystem zwischen EU-Staaten und Drittländern; Dollar, Euro und Yen | - beruhen auf **Vereinbarungen der beteiligten Staaten**<br>- um den Wechselkurs stabil zu halten, haben Zentralbanken **Interventionspflicht** (durch An- und Verkauf von Devisenkursen)<br>- Beispiel: Europäisches Währungssystem II |
| Vorteile | - langsamere Kursänderungen<br>- automatische Wechselkursänderungen: Tendenz für einen Leistungsbilanzausgleich<br>- Möglichkeit einer eigenständigen Wirtschaftspolitik<br>- geringere Gefahr einer importierten Inflation<br>- wirkt ausgleichend gegenüber divergierenden Lohn- und Preisentwicklungen im Ausland | - keine Kurssicherungskosten<br>- relativ sichere Kalkulationsbasis<br>- Koordination der Wirtschaftspolitik der Partner fördert die politische Integration<br>- keine Abwertung zum Zwecke der Exportförderung möglich |
| Nachteile | - Unsicherheit bei der Wechselkursentwicklung<br>- Planungsunsicherheit für Im- und Export<br>- Kurssicherungskosten<br>- Gefahr des Einsatzes des Wechselkursinstruments zur Verbesserung der eigenen Wettbewerbsfähigkeit | - keine autonome Geld- und Konjunkturpolitik möglich<br>- Abhängigkeit von der Leitwährung bzw. Politik des Leitwährungslandes<br>- Gefahr der importierten Inflation bzw. Arbeitslosigkeit<br>- bei großen Ungleichgewichten: Förderung von Währungsspekulationen<br>- bei längeren Ungleichgewichten: abrupte Kursänderungen nötig |

## Die Europäische Zentralbank (EZB)

- Die Europäische Zentralbank (EZB) ist die Zentralbank für die Mitgliedsstaaten der Europäischen Währungsunion (EWU) mit Sitz in Frankfurt a. M.

- **Die Aufgaben der EZB**:
  - Ausgabe von Banknoten,
  - Erhebung statistischer Daten,
  - Aufsicht über die Finanzinstitute,
  - Stabilität des Finanzsystems.

- Um die geldpolitischen Ziele zu erreichen, setzt die EZB **geldpolitische Instrumente** ein, wozu liquiditätszuführende und liquiditätsabführende Offenmarktgeschäfte gehören.

- **Offenmarktgeschäfte** sind von der Zentralbank mit Geschäftsbanken am offenen Markt durchgeführte Transaktionen mit dem Ziel der Geldmengen- bzw. Zinssteuerung.
  Sie bestehen aus drei Komponenten:
  - **Haupttender**: Kurzfristiges **Hauptrefinanzierungsinstrument** (Laufzeit von zwei Wochen, sie machen ca. 75 % der Offenmarktgeschäfte aus); der Hauptfinanzierungssatz ist der wichtigste Leitzins im Euroraum; die Abwicklung erfolgt über die nationalen Notenbanken (Deutschland: Deutsche Bundesbank); diese geben den Zinssatz über Kredite an Kunden weiter; seit der Finanzkrise: Mengentendervergabe → S. 131.
  - **Basistender**: Für längerfristige Refinanzierungsgeschäfte (Laufzeit von ca. drei Monaten, sie machen ca. 20 % der Offenmarktgeschäfte aus), Zinstendervergabe → S. 131.
  - **Feinsteuerungsoperationen**: Hierunter fallen liquiditätszuführende und liquiditätsabschöpfende Geschäfte (Kauf/Verkauf von Wertpapieren; keine standardisierte Laufzeit); sie dienen dazu, kurzfristige und unerwartete Liquiditätsschwankungen auszugleichen.

- **Vergabeverfahren**:
  - **Zinstenderverfahren**: Die Banken bieten einen Geldbetrag und einen Zinssatz. Erfolgt die Zuteilung nach dem amerikanischen Verfahren, wird ausgehend vom höchsten Gebot das Geld zugewiesen, bis der Gesamtbetrag erreicht ist.
  - **Mengentender**: Die Geschäftsbanken bieten nur einen Geldbetrag; sie erhalten gegen entsprechende Sicherheiten zu einem festen Zinssatz von der EZB jeden gewünschten Betrag im Rahmen des vom Eurosystems angestrebten Zuteilungsbetrages, sonst anteilige Vergabe; Ziel: höhere Kreditvergabe an Produzenten und Konsumenten.

- **Ständige Fazilitäten** dienen der Geldanlage und -beschaffung:
  - **Einlagefazilität**: Satz für (überflüssiges) Tagegeld, das Kreditinstitute bis zum nächsten Geschäftstag bei der EZB anlegen können.
  - **Spitzenrefinanzierungsfazilität**: Möglichkeit für Geschäftsbanken, einen Übernachtkredit zu erhalten.

- **Mindestreservesatz**:
  - Ein bestimmter Prozentsatz der Kundeneinlagen muss von Geschäftsbanken als Mindestreserve bei der Zentralbank als Sichteinlage gehalten werden.
  - Zusammen mit der Barreserve beeinflusst dies die Kreditvergabemöglichkeiten der Geschäftsbanken.

- **Organisation**:
  - Über geldpolitische Entscheidungen wird im EZB-Rat mit einfacher Mehrheit abgestimmt (Stimmrechte rotieren!).
  - Der Präsident der Bundesbank ist Mitglied des EZB-Rates.

- **Diskussion um expansive Geldpolitik der EZB**:
  **pro**: Erhöhung der Inflationsrate Richtung Zielmarke 2 %; Ankurbelung der Konjunktur; **kontra**: Reformdruck für Staaten entfällt, Wirkverzögerungen der Zinspolitik.

## Soll die EZB in die Wirtschaftspolitik der Euroländer eingreifen?

- Mit dem europarechtlich umstrittenen Kauf von Staatsanleihen (2010 Griechenland, 2011 Italien und Spanien) greift die EZB in die Rettung verschuldeter Eurostaaten ein. → Die EZB verlässt damit ihre rein auf Preisstabilität ausgelegte Geldpolitik.

| Die EZB sollte aktiver in die Wirtschaftspolitik eingreifen, da ... | Die EZB sollte sich heraushalten, da ... |
|---|---|
| – **bisherige Maßnahmen** der EZB (Zinssenkungen, Staatsanleihekäufe, negativer Satz auf Bankeinlagen bei der Zentralbank) **erfolgreich**, jedoch nicht ausreichend waren. Krisenländer benötigen zur weiteren Stabilisierung Firmen, die investieren. Dafür müssen diese an mehr Geld von den Banken kommen.<br>– Sparmaßnahmen allein nicht ausreichend sind, um die Krise zu überwinden. Folglich müssen weitere Maßnahmen getroffen werden.<br>– sie eine **Deflation verhindern** kann, die der Wirtschaft schadet, da sinkende Preise zu sinkender Nachfrage führen (Geld wird gespart, um den Wert zu steigern).<br>– die USA mit Anleihekäufen gute Erfahrungen gemacht haben. | – Wirtschaftspolitik keine Kernaufgabe der EZB ist.<br>– dadurch die Ursachen nicht gelöst werden und die Staaten weniger Druck verspüren, Reformen durchzusetzen.<br>– es unsicher ist, ob das Geld in der Realwirtschaft ankommt.<br>– Interventionen von Notenbanken Blasenbildungen auf den Finanzmärkten fördern. Deutlich gestiegene Preise deuten auf eine Blase auf dem Immobilienmarkt hin.<br>– die europäischen Währungshüter und einige Ökonomen keine Deflationsgefahr sehen – viel eher eine „Lowinflation" oder eine „Disinflation". |

## Finanzmarkt

- **Definition Finanzmarkt**: Oberbegriff für alle Märkte, auf denen sich Angebot und Nachfrage nach Finanzmitteln gegenüberstehen.
- Bedeutung: Das Verhältnis zwischen der Realwirtschaft und der Finanzwirtschaft hat sich in den letzten Jahren hin zur Finanzwirtschaft verändert. So betrug das Verhältnis Realwirtschaft zu Finanzwirtschaft 1980 2:1, 2020 betrug es Schätzungen zufolge 1:10. Die Interdependenz zwischen Real- und Finanzwirtschaft kann zu Spillover-Effekten (Übertragungseffekten) führen – Finanzkrisen.

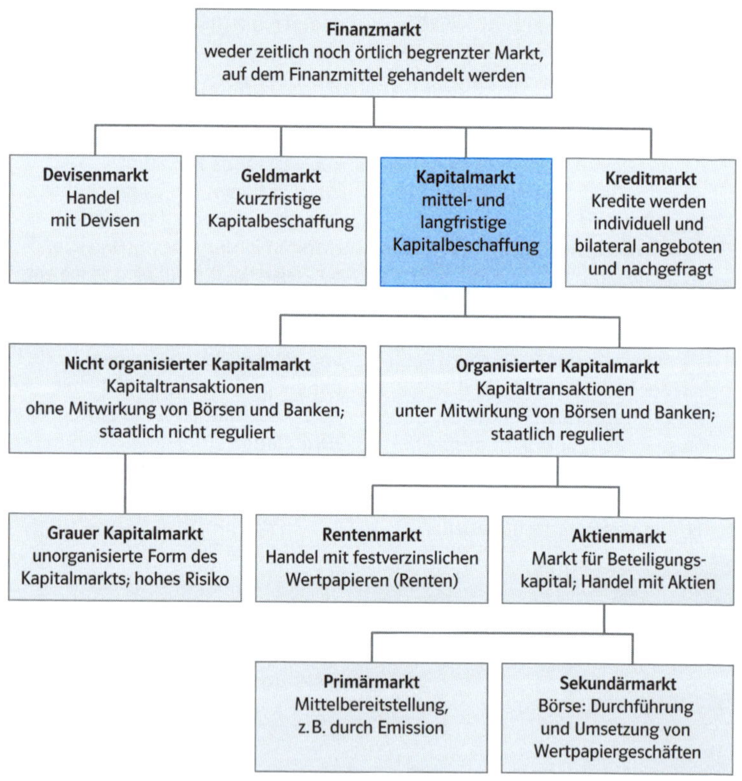

## Finanzmarktprodukte

- **Finanzprodukte**:
  - **Leerverkäufe**: Verkauf von Wertpapieren, die der Verkäufer zum Zeitpunkt des Verkaufs nicht besitzt oder nur geliehen hat. Der Leerverkäufer spekuliert auf eine Differenz zwischen Verkaufs- und Einkaufskurs, wenn er sich zum Lieferzeitpunkt das Wertpapier beschafft hat.
  - **Derivate**: Termingeschäfte, die zur Absicherung von Risiken dienen, aber auch für Spekulationen genutzt werden können.
    Beispiel: Credit Default Swap, Optionen und Futures.
  - **Hedgefonds**: Investmentfonds, die mithilfe von Fremdkapital und Kreditfinanzierung ein Vielfaches des Eigenkapitals anlegen und somit eine hochspekulative, riskante Anlagenpolitik betreiben. Die Risiken der Hedgefonds sollen durch Übertragungen auf Externe oder entgegengesetzte Risiken, z. B. Termingeschäfte, begrenzt und abgesichert werden (engl. „to hedge“ = einhegen, absichern).

- **Akteure**:
  - **Ratingagenturen**: Ratingagenturen beurteilen das Kreditrisiko und die Bonität (Kreditwürdigkeit) von Unternehmen, Staaten und Finanzprodukten, indem sie Ausfallwahrscheinlichkeiten ermitteln (höchste Bonität Code AAA, Zahlungsausfall: DDD).
  - **Hochfrequenzhandel** (High Frequency Trading HFT): Mit Computern betriebener Wertpapierhandel mit sehr kurzen Haltefristen und hohem Umsatz.

## Transatlantische Handels- und Investitionenpartnerschaft (TTIP)

- Die Verhandlungen zwischen den USA und der EU begannen im Sommer 2013, pausieren jedoch seit 2017 (Stand Mai 2024).

- **Ziel**: Vorschriften und Regeln der Wirtschaft Europas und der USA langfristig so zu gestalten, dass sie besser vereinbar sind und Handel und Investitionen vereinfacht werden. Das heißt:
  - **Abbau von tarifären** (Zöllen) und weiteren **nicht-tarifären** Handelsbeschränkungen (→ S. 124) zwischen der EU und den USA, Ziel: eine stärkere Öffnung der Märkte;
  - Verringerung von Einschränkungen für Dienstleistungen;
  - **Investitionssicherheit**: Möglichkeit einer **Klage** vor internationalen **Schiedsgerichten**, wenn Investitionen durch politische Entscheidungen der Vertragsstaaten gefährdet werden;
  - Wettbewerbsgleichheit;
  - Vereinfachen des Zugangs zu öffentlichen Aufträgen.

- **Vorgehen**: Die Verhandlungen seitens der EU werden durch die EU-Kommission geführt. Vor dem Inkrafttreten muss das Abkommen von den nationalen Parlamenten ratifiziert werden.

- Kritik:
  - **Schiedsgerichte**: Investoren können auf Entschädigungen klagen, wenn bestimmte nationale Regelungen (z. B. Umweltschutz) ihr Eigentum oder ihren Profit schmälern.
  - Schiedsgerichte schränken den **regulatorischen Freiraum** von demokratisch gewählten Regierungen ein.
  - Abbau nicht-tarifärer Handelsbeschränkungen betrifft Regulierungen, Normen und Standards mit Schutzfunktionen für den Umwelt-, Verbraucher- und Gesundheitsschutz.
  - Verhandlungen über TTIP seien **undemokratisch** (EU-Kommission wird nicht direkt vom Volk gewählt, **Demokratie- und Legitimationsdefizit**).

## Europäische Wirtschafts- und Währungsunion (EWWU)

- EWWU ist die Bezeichnung für den auf der Grundlage des Vertrags von Maastricht in drei Stufen angestrebten Zusammenschluss der EU-Länder mit folgenden Zielen: Schaffung der Europäischen Zentralbank, Euroeinführung, Europäischer Binnenmarkt und Liberalisierung des Kapitalverkehrs.

- Stufe 1 **(1. Juli 1990 bis 31. Dezember 1993)**:
  - Liberalisierung des Kapitalverkehrs zwischen den Mitgliedsstaaten, engere wirtschaftspolitische Abstimmung der Regierungen, verstärkte Zusammenarbeit der Zentralbanken.

- Stufe 2 **(1. Januar 1994 bis 31. Dezember 1998)**:
  **Konvergenzkriterien** als Voraussetzung für den Beitritt:
  - Das **Haushaltsdefizit** pro Jahr darf nicht mehr als **3 % des BIP** betragen, die **Staatsverschuldung** darf maximal bei **60 % des BIP** liegen, sonst wird ein Defizitverfahren angestrebt.
  - Die **Inflationsrate** darf nicht mehr als 1,5 % über der Inflationsrate der drei preisstabilsten Mitglieder liegen.
  - Der **Zinssatz** langfristiger Staatsanleihen darf nicht mehr als zwei Prozentpunkte über dem Durchschnitt der drei preisstabilsten Mitgliedsstaaten liegen.
  - Die „Einhaltung der normalen Bandbreiten des Wechselkursmechanismus des Euro-Wechselkurssystems seit mindestens zwei Jahren ohne Abwertung gegenüber dem Euro“ (Art. 140 des Vertrags über die Arbeitsweise der EU).

- Stufe 3 **(seit 1. Januar 1999)**:
  - Unwiderrufliche Festlegung der Wechselkurse,
  - Einführung des Euros als einheitliche Währung an den Devisenmärkten und im elektronischen Zahlungsverkehr,
  - Stand 2023: 27 Mitgliedsstaten, davon 20 Euro-Länder; ohne Euro: Bulgarien, Dänemark, Polen, Rumänien, Schweden, Tschechien, Ungarn. Das Vereinigte Königreich hat die EU am 31.1.2020 verlassen (Brexit).

- Die EWWU gilt als die Vollendung des europäischen Binnenmarktes mit
  - **vier Freiheiten**: Personen, Waren, Dienstleistung und Kapital (Wirtschaftsunion) und
  - einer gemeinsamen Währung und einer einheitlichen Geld- und Wechselkurspolitik (Währungsunion).

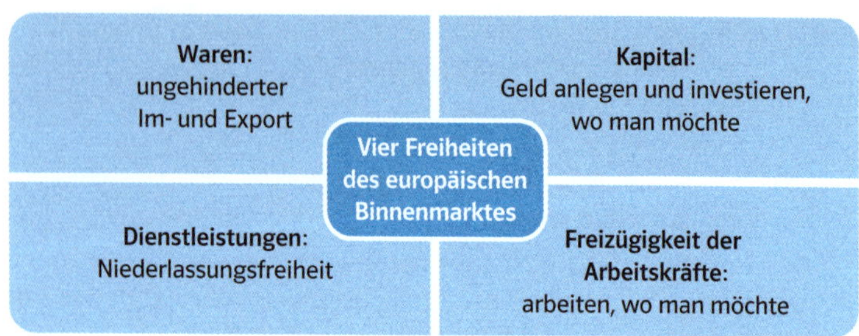


- Reformvorschläge von Macron (F) und Merkel (D) 2018:
  - Einführung eines eigenen Euro-Budgets zur Finanzierung von Investitionen, das aus nationalen und europäischen Töpfen bezahlt wird (eine Art Nebenhaushalt der EU);
  - Einrichten eines Sicherheitstopfes zur Sanierung und potenziellen Abwicklung systemrelevanter Banken (backstop);
  - kurzfristige Kreditmöglichkeit für Staaten, die unverschuldet in finanzielle Schwierigkeiten gekommen sind, Vergabe durch einen Krisenfonds ESM (European Stability Mechanism);
  - Reformpaket ist als Kompromiss zu deuten; Position Deutschlands: Bindung der europäischen Wirtschaftspolitik an verbindliche Regeln und Sanktionen; Frankreich: pragmatische Ermessensentscheidungen im Einzelfall zum Ausgleich vorübergehender wirtschaftlicher Schwierigkeiten.

- Vier Reformmöglichkeiten (H. W. Sinn): Transferunion, interne Abwertung von Euro-Ländern, interne Aufwertung Deutschlands, Euro-Austritt.

## Freihandel

- Der Freihandel gilt als Grundsatz des Liberalismus, demzufolge der Wohlstand aller Länder am größten ist, wenn staatliche Beschränkungen des internationalen Handels beseitigt werden (Zölle, nichttarifäre Handelshemmnisse, Devisenwirtschaft).

- **Argumente für den Freihandel**:
  - Erschließung neuer **Märkte, Exportchancen** für heimische Produkte;
  - **Schaffung neuer Arbeitsplätze** durch die internationale Nachfrage;
  - Förderung **von Innovationen**, **Kostensenkungen** und **Effizienzgewinne**, ineffiziente Produzenten verschwinden vom Markt → Abbau von Marktverzerrungen und niedrigere Preise für Verbraucher;
  - Vorhandensein eines größeren, vielfältigeren **Angebots**;
  - Stärkung der exportorientierten Sektoren mit qualifizierten und gut bezahlten Arbeitsplätzen.
  - Unterschiedliche Faktor-Ausstattungen (Heckscher-Ohlin-Modell) und unterschiedliche Produktivität der Produktionsfaktoren führen zur Spezialisierung auf Güter, bei denen **komparative Kostenvorteile** bestehen (Theorie von David Ricardo). Diese werden exportiert.
  - Förderung des **friedlichen Zusammenlebens** der Handelspartner, da sie voneinander abhängig sind (Interdependenz).
  - Förderung der **internationalen Arbeitsteilung**: Produkte werden am effizientesten und günstigsten Standort produziert = optimale Ausnutzung (Allokation) von Ressourcen.

- In der Praxis werden zwischen den Ländern Freihandelsabkommen geschlossen oder andere Formen der wirtschaftlichen Integration (z. B. Zollunion, Wirtschafts- und Währungsunion, Freihandelszonen) vereinbart.

## Protektionismus

- **Protektionismus**: Protektionismus ist eine Bezeichnung für eine Außenhandelspolitik, die im Gegensatz zum Freihandel steht und die auf den Schutz inländischer Produzenten gegen die ausländische Konkurrenz gerichtet ist. Ein Ziel kann auch der Aufbau neuer, noch nicht wettbewerbsfähiger Industriezweige sein.

- **Protektionistische Maßnahmen sind:**
  - tarifäre Handelshemmnisse: Zölle, Steuern,
  - nicht-tarifäre Handelshemmnisse: z. B. Einfuhrkontingente, Subventionen, Antidumpingzölle, Importlizenzen, Industrie-, Gesundheits-, Sicherheits- und andere Normen; Verpackung, Etikettierung und Ursprungsangaben, Zusatzabgaben für Häfen und statistische Gebühren.

- **Argumente für den Protektionismus**:
  - Der **internationale Wettbewerb** kann zu Lohndruck in Branchen führen, die in Konkurrenz zu Niedriglohnländern stehen. Dies trägt zur ungleichen Einkommensverteilung bei.
  - **Schlüsselindustrien** (z. B. Rohstoffgewinnung) müssen geschützt werden, um in Notsituationen unabhängig zu sein.
  - Der **Freihandel schadet der Umwelt**, da Länder mit niedrigen Standards Kostenvorteile im Standortwettbewerb haben. Gleiches gilt für Sozial-, Gesundheits- und Verbraucherschutzstandards.
  - Der ungeschützte Konkurrenzdruck führt zu einer **steigenden Arbeitslosigkeit**. Diese wird verstärkt durch Standortverlagerungen, insbesondere in arbeitsintensivere Niedriglohnsektoren im Ausland, und kann die Stabilität eines Landes gefährden.
  - Branchen in der Entwicklung müssen geschützt werden, bis sie sich auf dem internationalen Markt behaupten können (**Infant Industry Argument**).
  - Geschützte Unternehmen haben auf dem Inlandsmarkt weniger Wettbewerb und können höhere Gewinne erzielen. Sie können Produkte auf dem Weltmarkt günstiger anbieten.

# Freihandel und Protektionismus im Preis-Mengen-Diagramm

① Inlandsmarkt für ein Gut X ohne den Welthandel

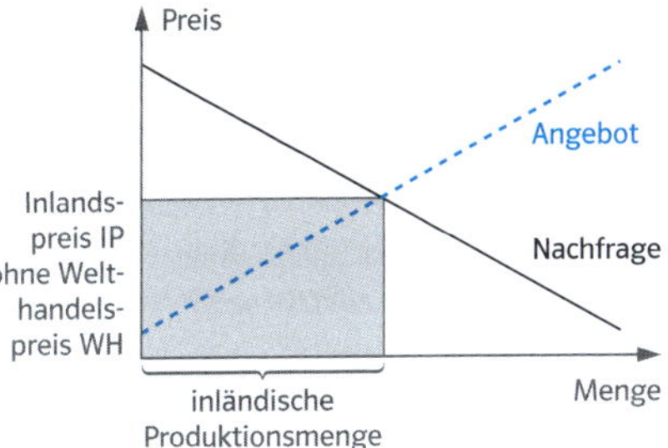


② Inlandsmarkt für ein Gut X nach Öffnung für den Weltmarkt

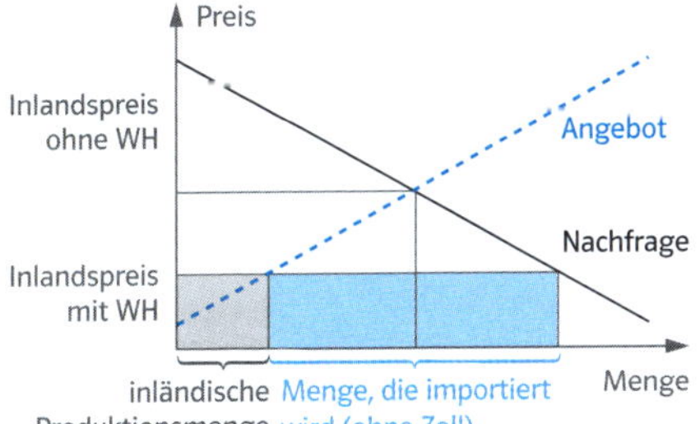


Bei Öffnung für den Weltmarkt liegt der Weltmarktpreis unter dem Inlandspreis. Folglich steigt die Nachfrage nach dem Gut X, da dieses für die Konsumenten billiger wird, die inländische Produktion hingegen geht zurück. Der Bedarf wird durch Importe gedeckt.

③ Inlandsmarkt für ein Gut X nach Einführung von Einfuhrzöllen (tarifären Handelshemmnissen)

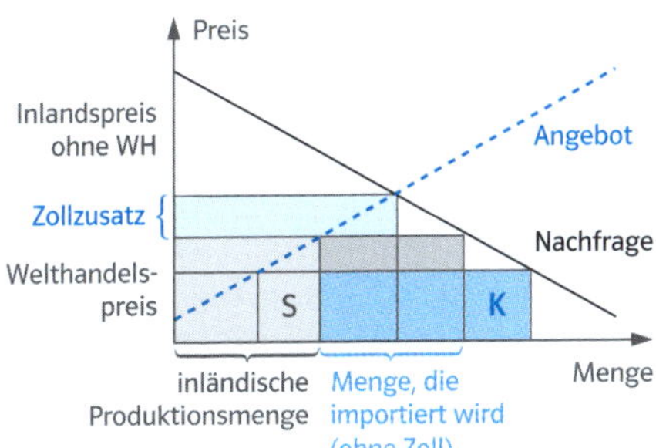


Bei Öffnung für den Weltmarkt und Einführung eines Zolls steigt der Inlandspreis für das Gut X an und der Konsum (K) geht zurück. Der Zoll führt dazu, dass Produzenten wieder wettbewerbsfähig werden (Schutzeffekt S) und das Angebot wieder steigt. Gleichzeitig geht der Import zurück. Für den Staat bedeutet dies Zolleinnahmen.

## UN-Millenniumsziele

- **2000**: 189 Mitgliedsstaaten der UN verabschieden auf dem **Millenniums-Gipfel** klar definierte Ziele im Kampf gegen **Armut, Hunger, Krankheit und Umweltzerstörung** (**Millennium Development Goals, MDGs**), die bis 2015 erfüllt werden sollen, jedoch nicht völkerrechtlich verbindlich sind.

- **2001**: **Veröffentlichung von acht Zielen** (Millennium Development Goals), für deren Bewertung Indikatoren definiert wurden: Halbierung von extremer Armut und Hunger, Durchsetzung einer allgemeinen Primarschulbildung, Stärkung der Frauen und Gleichstellung der Geschlechter, Reduktion der Kindersterblichkeitsrate, Bekämpfung der Ausbreitung von Krankheiten (insbesondere HIV/Aids, Malaria), Sicherung der ökologischen Nachhaltigkeit, Aufbau einer globalen Entwicklungspartnerschaft.

- **2005**: **Millennium+5-Gipfel**: Erste Bilanz beim Treffen von mehr als 150 Staats- und Regierungschefs in New York; Bekräftigung der Staaten, mindestens 0,7% des Bruttonationaleinkommens (BNE) für Entwicklungszusammenarbeit zu verwenden.

- **2015**: UN-Vollversammlung verabschiedet Ziele (Agenda 2030) zur nachhaltigen Entwicklung (17 Ziele, 169 Unterpunkte; SDG = Sustainable Development Goals) und führt damit die 2000 beschlossenen Millenniumsziele fort. Zudem werden neben den Industrieländern auch die Entwicklungs- und Schwellenländer in die Pflicht genommen.

- **Stand der Millenniumsziele**: Rückgang extremer Armut in den letzten 20 Jahren, allerdings leiden noch immer Millionen Menschen unter Armut; die Ungleichheit zwischen Geschlechtern besteht fort; Klimawandel und die Umweltzerstörung können bereits erreichte Ziele zunichtemachen; weiterhin große Unterschiede zwischen den ärmsten und reichsten Haushalten sowie ländlichen und städtischen Gebieten; Gefahr von Konflikten, die Erreichtes zunichtemachen.

## Messung von Einkommensungleichheit

- **Gini-Koeffizient**: Er drückt das Ausmaß der Einkommensverteilung in einer Zahl zwischen 0 und 1 aus (0 = völlige Gleichverteilung, 1 = völlige Ungleichverteilung der Einkommen).

- **Lorenzkurve**: Grafische Darstellung der Ungleichverteilung von Einkommen; sie befindet sich immer zwischen der 45-Grad-Linie (= gleiche Einkommensverteilung) und der „Linie der totalen Ungleichheit". Entscheidend ist der Abstand zwischen der LorenzKurve und der „45-Grad-Linie", d.h. um wie viel Prozent die beobachtete Einkommensverteilung von einer Gleichverteilung abweicht.

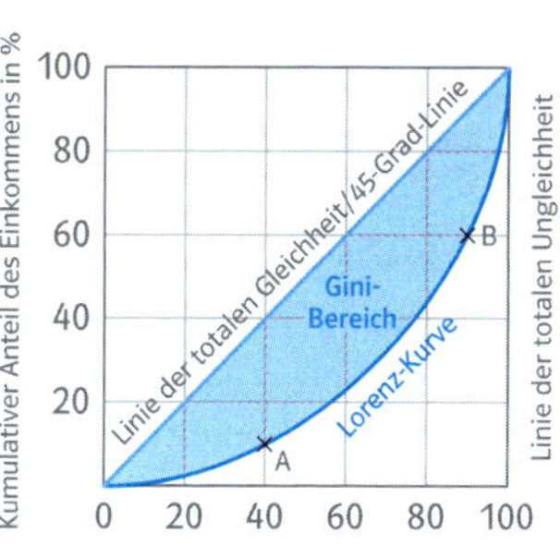


- **Gatsby-Kurve**: Sie bildet den **Zusammenhang zwischen Einkommensungleichheit und sozialer Mobilität** ab und zeigt die Chancen auf, ob nachfolgende Generationen, z.B. die Kinder, eine andere soziale Position erreichen können als z.B. die Eltern bzw. ob der Aufstieg einer Person in seinem Berufsleben gelingt. Sie weist auf die **Offenheit bzw. Geschlossenheit** und damit die **Chancengleichheit** einer Gesellschaft hin.

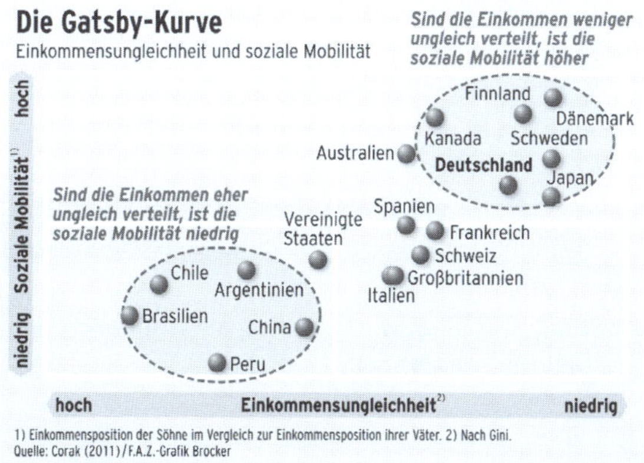


1) Einkommensposition der Söhne im Vergleich zur Einkommensposition ihrer Väter. 2) Nach Gini.
Quelle: Corak (2011)/F.A.Z.-Grafik Brocker

## Sozial- und Verteilungspolitik in der BRD

- Zwei Ziele der Sozialpolitik in Deutschland sind:
  - **soziale Gerechtigkeit**: Hilfe für sozial Schwache, Chancengleichheit, Ausgleich starker Einkommens- und Vermögensunterschiede,
  - **soziale Sicherheit**: Sicherung der wirtschaftlichen und sozialen Lebensbedingungen; Absicherungen gegen Lebensrisiken wie Unfall, Krankheit etc.

- **Maßnahmen des Staates**:
  - **Einkommensumverteilungspolitik** durch die **progressive Einkommenssteuer**, **einkommensabhängige Sozialversicherungsbeiträge** (Renten-, Arbeitslosen-, Kranken-, Pflegeversicherung), **Transferzahlungen** (finanziert aus Steuern, Sozialversicherungsbeiträgen oder staatlicher Kreditaufnahme, z. B. Alters-/Erwerbsminderungsrente, Wohngeld).
    Sie basiert auf dem **Leistungsfähigkeitsprinzip**: Jeder Bürger wird entsprechend seiner finanziellen Möglichkeiten zur Finanzierung staatlicher Leistungen herangezogen.
  - **Versicherungszwang** bei der Renten-, Arbeitslosen-, Kranken-, Pflege- und Unfallversicherung (Finanzierung gemeinsam durch Arbeitgeber und Arbeitnehmer).
    Er basiert auf dem **Solidaritätsprinzip**: Die Versicherungsbeiträge sind unabhängig von Risikomerkmalen, wie z. B. Alter, Vorerkrankungen (≠ Individualprinzip privater Versicherungen).

- **Grenzen und Probleme des Sozialstaates:**
  - **Arbeitslosigkeit** führt zu sinkenden Beiträgen für die Arbeitslosen-, Renten- und Pflegeversicherung.
  - **Bevölkerungsentwicklung**: Die Alterung der Bevölkerung hat Folgen für den Generationenvertrag und Kostensteigerungen im Gesundheitssystem.
  - **Anspruchshaltung**: Der Staat wird einseitig als Wohlfahrts- und Versorgungsstaat missverstanden.

## Checkliste: Karikaturen und Statistiken analysieren

- Die Analyse von **Karikaturen** erfolgt in einem Dreischritt:
  - **Beschreibung**: Name des Karikaturisten, Herausgeber und Erscheinungsdatum; Aufbau und Setting; Akteure und deren Körpersprache (Gestik, Mimik, Haltung, Aussehen); verwendete Stilmittel (Verzerrungen, Übertreibungen, Verwendung von Symbolen); Textteile (Sprechblasen, Untertitel).
  - **Deutung**: Deuten der Stilmittel; Herausarbeiten des Standpunktes des Karikaturisten; Nennen der Aussage bzw. zentralen Botschaft; Einschätzung des Verzerrungs- und Übertreibungsgrades der Wirklichkeit; Nennen der Adressaten der Karikatur und vermuteten Wirkungsabsicht.
  - **Bewertung**: Qualität der Karikatur (angemessene Verwendung von Übertreibungen/Verzerrungen? Verständlichkeit); Zustimmung/Ablehnen der Kernaussage; Formulieren einer eigenen Position, auf Basis von Fakten begründet.

- Die Analyse von **Statistiken** (Dreischritt):
  - **Beschreibung**: Thema; Auftraggeber/Herausgeber (Zeitung, Internet ...); Darstellungsform: Tabelle oder Diagramm (Balken-, Kreis-, Säulen-, Linien-/Kurven-, Flächendiagramm); Bezugsgrößen (z.B. „Beschäftigte pro Land"); eventuell Beschreibung der verwendeten Begriffe, zu denen Aussagen gemacht werden; Zahlenart (absolute, relative oder Indexzahlen); Zeitraum, auf den sich die Daten beziehen; Einteilung der Achsen (Maßeinheiten, Unregelmäßigkeiten?).
  - **Deutung**: Aufzeigen von Entwicklungen und Auffälligkeiten bei den Zahlenangaben (z.B. Rückgänge/Anstiege; Ausschläge, Unregelmäßigkeiten, gegenläufige Entwicklungen); Aufzeigen/Erklären (mit bekannten Sachverhalten) von erkennbaren Zusammenhängen; Ableiten von Entwicklungshypothesen; Zusammenfassen der Einzelergebnisse und Herausarbeiten der Gesamtaussage der Statistik.
  - **Bewertung**: Überprüfung, ob mit der Statistik ein bestimmtes Interesse verfolgt wird, die Daten aktuell sind und ob das statistische Material dem unterstellten Aussagewert entspricht.

## Sachverhalte beurteilen und bewerten

- Im Fokus des Operators „Beurteilen" steht **ein Sachurteil**. „Beurteilen" bedeutet, dass Sie Thesen, Vorschläge oder Maßnahmen auf ihre Stichhaltigkeit prüfen und dabei relevante Kriterien nennen und definieren. Akteure, auf die sich die Urteilskriterien beziehen, müssen Sie dabei nennen, z. B.: Wie effektiv ist der Vorschlag für Arbeitnehmer und wie verhält sich dies bei Arbeitgebern?

- Die Kriterien müssen Sie gewichten und zueinander in Beziehung setzen. Ihr Aufsatz endet mit einem Fazit, in dem Sie die für die Urteilsfindung relevantesten Kriterien noch einmal nennen können.

| Kriterien zur Beurteilung ökonomischer Sachverhalte | |
|---|---|
| Effizienz | Wird die richtige Maßnahme getan? Wie wirtschaftlich ist sie, d. h. wie verhalten sich Aufwand und Ertrag? |
| Effektivität | Werden die richtige Dinge getan, d. h. wie hoch ist der Zielerreichungsgrad? Aufwand und Kosten sind hier irrelevant. |
| Gesamtwohlfahrt | Wie hoch ist der Nutzen für alle Individuen der Volkswirtschaft? |
| Nachhaltigkeit | Ist die Maßnahme längerfristig wirtschaftlich, sozial, ökologisch ressourcenschonend? |
| Stabilität | Inwiefern verändert der zu beurteilende Sachverhalt die Stabilität eines Akteurs? |
| Marktkonformität | Stört die (staatliche) Maßnahme den Markt- und Preismechanismus? D. h. wird das Zusammenwirken von Angebot und Nachfrage am Markt nicht behindert? |
| Legitimität | Inwiefern ist der zu beurteilende Sachverhalt rechtmäßig? Rechtmäßig kann im doppelten Sinne verwendet werden:<br>1. mit den bestehenden Gesetzen übereinstimmend<br>2. die Zustimmung der Menschen findend |

- Ist zusätzlich zur **Beurteilung** eine Bewertung verlangt, dann müssen Sie im Rahmen einer persönlichen Stellungnahme die eigenen Wertmaßstäbe offenlegen und plausibel darlegen. Somit steht im Fokus des Operators „Bewerten" das **Werturteil. Mögliche Wertmaßstäbe**: Gleichheit, Freiheit, Sicherheit, Verantwortungsbewusstsein, Fairness, Zumutbarkeit, utilitaristische Nutzenkalküle („das größtmögliche Glück für die größtmögliche Zahl").